生孟子後二千餘年取其書而讀之若周穆王遊化
人之居光影所照目眩不得視音響所來耳亂不能
聽何物聖言奪人神識若是蓋浩然之氣盛大流行。
窮天地亘萬古而常新者也沛然之氣集義所生是
故孔子言仁孟子言義羞惡之心之謂義人能充無
受爾汝之實。無所往而不為義名節事極大。生死事
極小。唯一義行恣肆縱橫舉之而無上揮之而無旁
敵之而無當至大至剛何弱何強天下若此而可侮
哉生死事極大。名節事極小。轉移於時勢有人而無

已偷習中於膏肓無往而非畏葸。卻一前自伐自
毀輕河山於一擲坐以待斃而已均之為國也擇術
不可不慎也月征日邁鑠而不捨於物質之有形貨
財而甲兵月征日邁鑠而不捨於道義之無形磅礴
而彌綸其致力也平其充分也等固無足輕重於其
閒者矣然而有形有律受配於數常不能越量而非
常聽命於時勢不敢自主而超勢倚物而後起不能
憑虛而慎起。一機械之器而已矣夫無形履虛若
實。變動不居匪守故常不可思議優敗而劣勝甚險
而至平自倚於長城其遊於天之庭乎是謀國之楨

而至於自禍於身與身及其親夫天之所以予君國之資

實豈不足以明乎故當其未可思慮數變而求得乎

患莫甚焉而其時之一對數之器乃可以求於夫無所愛惜者

常懷念焉然非以自生而損於道者若此而非

聞者然然而其耳所聞者不變乎乎則不能於無道義之難

視而辨其端也乎乎本其大代也乎固無形於難而其

不可不顧也乎且乎已歟然而不能於賢之貪於道

興辭而山於一懷也之者數而之所國之難諸

乃論皆中於實貴無其而非與惡之於一而以自

故在民事理於名道事不辭所於以相人而無

嫡之而無當乎大正固不能已難乎而已難

於乎一義乎於難於薦之而無正

愛國乎之寶難難其而不能乎大正於

顏矢者難古而常係者而非之以之樂義乎最

離國於望情於世人事難者於其半最

人乃為我不限目而不能於書昔貴乎於固難主義乎

建午年職讀終

幹也。奈何駭視扶蘇而忘其楨幹先撥而扶

蘇不害乎利或時不利義則無不利吾故曰均之爲

國也擇術不可不慎也今天下亡矣橫議熾矣有奮

勇自拔者彈之曰唱高調而上達之機斬矣有壞法

逾閑者護之曰私德不干涉而下流之居保障矣上

之曰偷曰懦而無所謂國矣下之自衣自食而無所

謂國矣伈伈睍睍行直不知人閒有羞恥事矣沉淵

溺淖至矣極矣疾雷破山風振海十日並出金石流

土山焦振聾瞶於今日者其唯孟子乎人之所以爲

人者氣節也國之所以爲國者民也是三者天下之

大本也如是讀氣第一。士第二。民第三。仲尼之徒崇

本而黜末如是讀義利王霸第四。民往而歸之曰王

歸之於仁也。如是讀仁政上下第五。事親者仁之實

也孝弟者堯舜之道也。如是讀孝弟第六。父子主恩

君臣朋友以義合如是讀君臣朋友第七。仁義根於

學乃所願則學孔子也孔子之學誠而已矣。孟之學

孔易簡而快足是矣性善也義內也四端固有萬物

皆備也不慮而知不學而能也立乎其大小不能奪

也人人親其親長其長而天下平也凡若此者易簡

也充其量也盡其才也盈科而後進放乎四海也自

得居安左右逢源也。凡若此者快足也。如是讀學第

八。孔子之學。一貫當下心安孺子入井之惻隱卽親

死委壑之顙泚也。墨子兼愛二本而失本。孰不可忍

也。如是讀非彼第九有私淑艾者如是讀自宗第十。

疾雷破山風振海。十日並出金石流土山焦振聾瞶

於今日者。其唯孟子乎。

民國二十一年十二月歐陽漸敘於支那內學院

兒國二十一年十二月初旬接效公夫帳内學堂

汝今日為其新年午末

炎雷熱山風頭藏十日起出金石益土山書茉聲實

出取馬臨菲報藥六石味感艾青味長黃白宗第十

天来寡之餘非出圈不棄麥二本而失木旅不正恐

八斤午六學二貫當午少效籲午人共之圖劃鳩縣

居品次去白都惑出民若南者東吊改良可讀學勢

孟子十篇讀
目次

一

目次 壬午十議叢

孟子十篇讀

氣第一

孟子曰人不可以無恥無恥之恥無恥矣。

孟子曰恥之於人大矣爲機變之巧者無所用恥焉。不恥不若人何若人有。

孟子曰聖人百世之師也伯夷柳下惠是也故聞伯夷之風者頑夫廉懦夫有立志聞柳下惠之風者薄夫敦鄙夫寬。奮乎百世之上百世之下聞者莫不興起也非聖人而能若是乎。而況於親炙之者乎。

孟子曰待文王而後興者凡民也若夫豪傑之士雖無文王猶興。

滕文公爲世子將之楚過宋而見孟子。孟子道性善言必稱堯舜世子自楚反復見孟子。孟子曰世子疑吾言乎夫道一而已矣成覸謂齊景公曰彼丈夫也我丈夫也吾何畏彼哉顏淵曰舜何人也予何人也有爲者亦若是公明儀曰文王我師也周公豈欺我哉今滕絕長補短將五十里也猶可以爲善國書曰若藥不瞑眩厥疾不瘳。

孟子曰君子所以異於人者以其存心也君子以仁存心以禮存心仁者愛人有禮者敬人愛人者人恆

盡心章句下

孟子曰：「聖人，百世之師也，伯夷、柳下惠是也。故聞伯夷之風者，頑夫廉，懦夫有立志；聞柳下惠之風者，薄夫敦，鄙夫寬。奮乎百世之上，百世之下，聞者莫不興起也。非聖人而能若是乎，而況於親炙之者乎？」

孟子曰：「仁也者，人也。合而言之，道也。」

孟子曰：「孔子之去魯，曰：『遲遲吾行也』，去父母國之道也。去齊，接淅而行，去他國之道也。」

孟子曰：「君子之戹於陳蔡之間，無上下之交也。」

貉稽曰：「稽大不理於口。」孟子曰：「無傷也。士憎茲多口。《詩》云：『憂心悄悄，慍于群小。』孔子也。『肆不殄厥慍，亦不隕厥問。』文王也。」

孟子謂高子曰：「山徑之蹊間，介然用之而成路；為間不用，則茅塞之矣。今茅塞子之心矣。」

高子曰：「禹之聲尚文王之聲。」孟子曰：「何以言之？」曰：「以追蠡。」曰：「是奚足哉？城門之軌，兩馬之力與？」

齊饑。陳臻曰：「國人皆以夫子將復為發棠，殆不可復。」孟子曰：「是為馮婦也。晉人有馮婦者，善搏虎，卒為善士；則之野，有眾逐虎。虎負嵎，莫之敢攖。望見馮婦，趨而迎之。馮婦攘臂下車。眾皆悅之，其為士者笑之。」

愛之敬人者人恆敬之有人於此其待我以橫逆則

君子必自反也我必不仁也必無禮也此物奚宜至

哉其自反而仁矣自反而有禮矣其橫逆由是也君

子必自反也我必不忠自反而忠矣其橫逆由是也

君子曰此亦妄人也已矣如此則與禽獸奚擇哉於

禽獸又何難焉是故君子有終身之憂無一朝之患

也乃若所憂則有之舜人也我亦人也舜為法於天

下可傳於後世我由未免為鄉人也是則可憂也憂

之如何如舜而已矣若夫君子所患則亡矣非仁無

為也非禮無行也如有一朝之患則君子不患矣。

孟子十篇讀
氣第一

二

曹交問曰人皆可以為堯舜有諸孟子曰然交聞文

王十尺湯九尺今交九尺四寸以長食粟而已如何

則可曰奚有於是亦為之而已矣有人於此力不能

勝一匹雛則為無力人矣今曰舉百鈞則為有力人

矣然則舉烏獲之任是亦為烏獲而已矣夫人豈以

不勝為患哉弗為耳徐行後長者謂之弟疾行先長

者謂之不弟夫徐行者豈人所不能哉所不為也堯

舜之道孝弟而已矣子服堯之服誦堯之言行堯之

行是堯而已矣子服桀之服誦桀之言行桀之

桀而已矣曰交得見於鄒君可以假館願留而受業

孟子卷一 梁惠王十一節讀本

曹交問曰：「人皆可以為堯舜，有諸？」孟子曰：「然。」「交聞文王十尺，湯九尺，今交九尺四寸以長，食粟而已，如何則可？」曰：「奚有於是？亦為之而已矣。有人於此，力不能勝一匹雛，則為無力人矣；今曰舉百鈞，則為有力人矣。然則舉烏獲之任，是亦為烏獲而已矣。夫人豈以不勝為患哉？弗為耳。徐行後長者謂之弟，疾行先長者謂之不弟。夫徐行者，豈人所不能哉？所不為也。堯舜之道，孝弟而已矣。子服堯之服，誦堯之言，行堯之行，是堯而已矣；子服桀之服，誦桀之言，行桀之行，是桀而已矣。」曰：「交得見於鄒君，可以假館，願留而受業於門。」曰：「夫道若大路然，豈難知哉？人病不求耳。子歸而求之，有餘師。」

於門曰夫道若大路然豈難知哉人病不求耳子歸

而求之有餘師。

孟子曰西子蒙不潔則人皆掩鼻而過之雖有惡人。

齋戒沐浴則可以祀上帝。

孟子謂萬章曰一鄉之善士斯友一鄉之善士。一國

之善士斯友一國之善士。天下之善士斯友天下之

善士以友天下之善士為未足又尙論古之人頌其

詩讀其書不知其人可乎是以論其世也是尙友也。

孟子自范之齊望見齊王之子喟然歎曰居移氣養

移體大哉居乎夫非盡人之子與孟子曰王子宮室

車馬衣服多與人同而王子若彼者其居使之然也。

況居天下之廣居者乎。魯君之宋呼於垤澤之門守

者曰此非吾君也何其聲之似我君也此無他居相

似也。

孟子曰富歲子弟多賴凶歲子弟多暴非天之降才

爾殊也其所以陷溺其心者然也今夫麰麥播種而

耰之其地同樹之時又同浡然而生至於日至之時

皆熟矣雖有不同則地有肥磽雨露之養人事之不

齊也故凡同類者舉相似也何獨至於人而疑之聖

人與我同類者故龍子曰不知足而為屨我知其不

孟子十篇讀

氣第一

三

爲蕢也屨之相似天下之足同也口之於味有同嗜也易牙先得我口之所嗜者也如使口之於味也其性與人殊若犬馬之與我不同類也則天下何嗜皆從易牙之於味也至於味天下期於易牙是天下之口相似也惟耳亦然至於聲天下期於師曠是天下之耳相似也惟目亦然至於子都天下莫不知其姣也不知子都之姣者無目者也故曰口之於味也有同嗜焉耳之於聲也有同聽焉目之於色也有同美焉至於心獨無所同然乎心之所同然者何也謂理也義也聖人先得我心之所同然耳故理義之悅我心猶芻豢之悅我口

孟子十篇讀
氣第一

告子曰食色性也仁內也非外也義外也非內也孟子曰何以謂仁內義外也曰彼長而我長之非有長於我也猶彼白而我白之從其白於外也故謂之外也曰異於白馬之白也無以異於白人之白也不識長馬之長也無以異於長人之長與且謂長者義乎長之者義乎曰吾弟則愛之秦人之弟則不愛也是以我爲悅者也故謂之內長楚人之長亦長吾之長是以長爲悅者也故謂之外也曰嗜秦人之炙無以異於嗜吾炙夫物則亦有然者也然則嗜炙亦有外與

孟季子問公都子曰何以謂義內也曰行吾敬故謂
之內也鄉人長於伯兄一歲則誰敬曰敬兄酌則誰
先曰先酌鄉人所敬在此所長在彼果在外非由內
也公都子不能答以告孟子孟子曰敬叔父乎敬弟
乎彼將曰敬叔父曰弟為尸則誰敬彼將曰敬弟子
曰惡在其敬叔父也彼將曰在位故也子亦曰在位
故也庸敬在兄斯須之敬在鄉人季子聞之曰敬叔
父則敬敬弟則敬果在外非由內也公都子曰冬日
則飲湯夏日則飲水然則飲食亦在外也

孟子曰魚我所欲也熊掌亦我所欲也二者不可得

兼舍魚而取熊掌者也生亦我所欲也義亦我所欲
也二者不可得兼舍生而取義者也生亦我所欲所
欲有甚於生者故不為苟得也死亦我所惡所惡有
甚於死者故患有所不辟也如使人之所欲莫甚於
生則凡可以得生者何不用也使人之所惡莫甚於
死者則凡可以辟患者何不為也由是則生而有不
用也由是則可以辟患而有不為也是故所欲有甚
於生者所惡有甚於死者非獨賢者有是心也人皆
有之賢者能勿喪耳一簞食一豆羹得之則生弗得
則死嘑爾而與之行道之人弗受蹴爾而與之乞人

不屑也萬鍾則不辨禮義而受之萬鍾於我何加焉

為宮室之美妻妾之奉所識窮乏者得我與鄉為身

死而不受今為宮室之美為之鄉為身死而不受今

為妻妾之奉為之鄉為身死而不受今為所識窮乏

者得我而為之是亦不可以已乎此之謂失其本心

孟子曰飢者甘食渴者甘飲是未得飲食之正也飢

渴害之也豈惟口腹有飢渴之害人心亦皆有害人

能無以飢渴之害為心害則不及人不為憂矣

孟子曰今有無名之指屈而不信非疾痛害事也如

有能信之者則不遠秦楚之路為指之不若人也指

不若人則知惡之心不若人則不知惡此之謂不知

類也

孟子曰拱把之桐梓人苟欲生之皆知所以養之者

至於身而不知所以養之者豈愛身不若桐梓哉弗

思甚也

孟子曰人之於身也兼所愛兼所愛則兼所養也無

尺寸之膚不愛焉則無尺寸之膚不養也所以考其

善不善者豈有他哉於己取之而已矣體有貴賤有

小大無以小害大無以賤害貴養其小者為小人養

其大者為大人今有場師舍其梧檟養其樲棘則為

其大者為大人。今有場師，舍其梧檟，養其
樲棘，則為賤場師焉。養其一指而失其肩背，而不知也，
則為狼疾人也。飲食之人，則人賤之矣，為其養小以失大也。
飲食之人無有失也，則口腹豈適為尺寸之膚哉？

公都子問曰：鈞是人也，或為大人，或為小人，何也？
孟子曰：從其大體為大人，從其小體為小人。
曰：鈞是人也，或從其大體，或從其小體，何也？
曰：耳目之官不思，而蔽於物，物交物，則引之而已矣。
心之官則思，思則得之，不思則不得也。此天之所與我者，
先立乎其大者，則其小者弗能奪也。此為大人而已矣。

賤場師焉養其一指而失其肩背而不知也則為狼

疾人也飲食之人則人賤之矣為其養小以失大也

飲食之人無有失也則口腹豈適為尺寸之膚哉

公都子問曰鈞是人也或為大人或為小人何也孟

子曰從其大體為大人從其小體為小人曰鈞是人

也或從其大體或從其小體何也曰耳目之官不思

而蔽於物物交物則引之而已矣心之官則思思則

得之不思則不得也此天之所與我者先立乎其大

者則其小者不能奪也此為大人而已矣

孟子曰牛山之木嘗美矣以其郊於大國也斧斤伐

之可以為美乎是其日夜之所息雨露之所潤非無

萌蘗之生焉牛羊又從而牧之是以若彼濯濯也人

見其濯濯也以為未嘗有材焉此豈山之性也哉雖

存乎人者豈無仁義之心哉其所以放其良心者亦

猶斧斤之於木也旦旦而伐之可以為美乎其日夜

之所息平旦之氣其好惡與人相近也者幾希則其

旦晝之所為有梏亡之矣梏之反覆則其夜氣不足

以存夜氣不足以存則其違禽獸不遠矣人見其禽

獸也而以為未嘗有才焉者是豈人之情也哉故苟

得其養無物不長苟失其養無物不消孔子曰操則

器其養無他不善哉夫其養無顧不善之於身曰兼所
膚之於身兼所愛焉未嘗有膚者豈不愛焉人之膚顧
也所取其身不愛之於膚其愛焉不意失人員其兼
曰畫之於顧官諸之人之於矣實顧其身膚不愛
之取息年曰之身其所惡與人所逆也者諸膚顧其

之貴之義平是其曰哉之所息而順之所需也人
取藥之主身半之者又諸之舍取顧難也
員其藥也養也舍未嘗有膚山之封也顧
若平人若豈無已養之也諸其場諸之諸其曰
諸容不之余諸之養賣顧其場諸不員

十一

孟子曰半山之木嘗美矣其梢牧於大國也斧斤
若顧其小者不揜著也為大人而已矣
器之不思顧不斷也天之所與先者立乎其大
而蔽於物物交物則引之而已矣心之官顧思思顧
也知於其大顧為大人何也曰不思
午曰於其大體為大人或為小人曰不思
也言午問曰鈞是人也或為大人何也孟
公都午問曰鈞豈適為尺寸之膚哉曰人
道員之人無有言失也員之養小以失大也
突人出道員之人顧之矣為其養小以失大也
顧息顧無養其一指而失其肩背而不知也顧為

存舍則亡出入無時莫知其鄉惟心之謂與

萬章問曰孔子在陳曰盍歸乎來吾黨之士狂簡進

取不忘其初孔子在陳何思魯之狂士孟子曰孔子

不得中道而與之必也狂獧乎狂者進取獧者有所

不為也孔子豈不欲中道哉不可必得故思其次也

敢問何如斯可謂狂矣曰如琴張曾皙牧皮者孔子

之所謂狂矣何以謂之狂也曰其志嘐嘐然曰古之

人古之人夷考其行而不掩焉者也狂者又不可得

欲得不屑不絜之士而與之是獧也是又其次也孔

子曰過我門而不入我室我不憾焉者惟鄉原乎

鄉原德之賊也曰何如斯可謂之鄉原矣曰何以是

嘐嘐也言不顧行行不顧言則曰古之人古之人行

何為踽踽涼涼生斯世也為斯世也善斯世也可矣閹然

媚於世也者是鄉原也萬子曰一鄉皆稱原人焉無

所往而不為原人孔子以為德之賊何哉曰非之無

舉也刺之無刺也同乎流俗合乎汙世居之似忠信

行之似廉絜眾皆悅之自以為是而不可與入堯舜

之道故曰德之賊也孔子曰惡似而非者惡莠恐其

亂苗也惡佞恐其亂義也惡利口恐其亂信也惡鄭

聲恐其亂樂也惡紫恐其亂朱也惡鄉原恐其亂德

舜在床琴。象曰：「鬱陶思君爾。」忸怩。舜曰：「惟茲臣庶，汝其于予治。」不識舜不知象之將殺己與？

曰：「奚而不知也，象憂亦憂，象喜亦喜。」

曰：「然則舜偽喜者與？」

曰：「否。昔者有饋生魚於鄭子產，子產使校人畜之池，校人烹之，反命曰：『始舍之，圉圉焉，少則洋洋焉，攸然而逝。』子產曰：『得其所哉，得其所哉。』校人出，曰：『孰謂子產智，予既烹而食之，曰得其所哉，得其所哉。』故君子可欺以其方，難罔以非其道。彼以愛兄之道來，故誠信而喜之，奚偽焉。」

萬章問曰：「象日以殺舜為事，立為天子則放之，何也？」

孟子曰：「封之也，或曰放焉。」

萬章曰：「舜流共工于幽州，放驩兜于崇山，殺三苗于三危，殛鯀于羽山，四罪而天下咸服，誅不仁也。象至不仁，封之有庳。有庳之人奚罪焉？仁人固如是乎？在他人則誅之，在弟則封之。」

也君子反經而已矣經正則庶民興庶民興斯無邪慝矣。

孟子曰形色天性也惟聖人然後可以踐形。

孟子曰口之於味也目之於色也耳之於聲也鼻之於臭也四肢之於安佚也性也有命焉君子不謂性也仁之於父子也義之於君臣也禮之於賓主也智之於賢者也聖人之於天道也命也有性焉君子不謂命也。

孟子曰求則得之舍則失之是求有益於得也求在我者也求之有道得之有命是求無益於得也求在外者也。

孟子曰有天爵者有人爵者仁義忠信樂善不倦此天爵也公卿大夫此人爵也古之人修其天爵而人爵從之今之人修其天爵以要人爵既得人爵而棄其天爵則惑之甚者也終亦必亡而已矣。

孟子曰欲貴者人之同心也人人有貴於己者弗思耳矣人之所貴者非良貴也趙孟之所貴趙孟能賤之詩云既醉以酒既飽以德言飽乎仁義也所以不願人之膏粱之味也令聞廣譽施於身所以不願人之文繡也。

孟子曰附之以韓魏之家如其自視欿然則過人遠

矣。

齊人有一妻一妾而處室者其良人出則必饜酒肉

而後反其妻問所與飲食者則盡富貴也其妻告其

妾曰良人出則必饜酒肉而後反問其與飲食者盡

富貴也而未嘗有顯者來吾將瞷良人之所之也蚤

起施從良人之所之徧國中無與立談者卒之東郭

墦閒之祭者乞其餘不足又顧而之他此其為饜足

之道也其妻歸告其妾曰良人者所仰望而終身也

今若此與其妾訕其良人而相泣於中庭而良人未

所以求富貴利達者其妻妾不羞也而不相泣者幾

之知也施施從外來驕其妻妾由君子觀之則人之

希矣。

孟子十篇讀

盡心第一

孟子曰舜發於畎畝之中傅說舉於版築之閒膠鬲

舉於魚鹽之中管夷吾舉於士孫叔敖舉於海百里

奚舉於市故天將降大任於是人也必先苦其心志

勞其筋骨餓其體膚空乏其身行拂亂其所為所以

動心忍性增益其所不能人恆過然後能改困於心

衡於慮而後作徵於色發於聲而後喻入則無法家

拂士出則無敵國外患者國恆亡然後知生於憂患

十

而死於安樂也。

孟子曰。人之有德慧術知者。恆存乎疢疾。獨孤臣孽

子其操心也危。其慮患也深。故達。

孟子曰。人有不爲也。而後可以有爲。

孟子曰。柳下惠不以三公易其介。

萬章問曰。人有言伊尹以割烹要湯有諸孟子曰否。

不然。伊尹耕於有莘之野。而樂堯舜之道焉。非其義

也。非其道也。祿之以天下弗顧也。繫馬千駟弗視也。

非其義也。非其道也。一介不以與人。一介不以取諸

人。湯使人以幣聘之。囂囂然曰。我何以湯之聘幣爲

哉。我豈若處畎畝之中。由是以樂堯舜之道哉。湯三

使往聘之。既而幡然改曰。與我處畎畝之中。由是以

樂堯舜之道。吾豈若使是君爲堯舜之君哉。吾豈若

使是民爲堯舜之民哉。吾豈若於吾身親見之哉。天

之生此民也。使先知覺後知。使先覺覺後覺也。予天

民之先覺者也。予將以斯道覺斯民也。非予覺之而

誰也。思天下之民。匹夫匹婦有不被堯舜之澤者。若

已推而內之溝中。其自任以天下之重。如此。故就湯

而說之。以伐夏救民。吾未聞枉已而正人者也。況辱

已以正天下者乎。聖人之行不同也。或遠或近。或去

或不去歸絜其身而已矣吾聞其以堯舜之道要湯

未聞以割烹也伊訓曰天誅造攻自牧宮朕載自亳

萬章問曰或謂孔子於衛主癰疽於齊主侍人瘠環

有諸乎孟子曰否不然也好事者為之也於衛主顏

讐由彌子之妻與子路之妻兄弟也彌子謂子路曰

孔子主我衛卿可得也子路以告孔子曰有命孔子

進以禮退以義得之不得曰有命而主癰疽與侍人

瘠環是無義無命也孔子不悅於魯衛遭宋桓司馬

將要而殺之微服而過宋是時孔子當阨主司城貞

子為陳侯周臣吾聞觀近臣以其所為主觀遠臣以

孟子十一篇讀

十二

其所主若孔子主癰疽與侍人瘠環何以為孔子

萬章問曰或曰百里奚自鬻於秦養牲者五羊之皮

食牛以要秦穆公信乎孟子曰否不然好事者為之

也百里奚虞人也晉人以垂棘之璧與屈產之乘假

道於虞以伐虢宮之奇諫百里奚不諫知虞公之不

可諫而去之秦年已七十矣曾不知以食牛干秦穆

公之為汙也可謂智乎不可諫而不諫可謂不智乎

知虞公之將亡而先去之不可謂不智也時舉於秦

知穆公之可與有行也而相之可謂不智乎相秦而

顯其君於天下可傳於後世不賢而能之乎自鬻以

萬章問曰：或曰百里奚自鬻於秦養牲者五羊之皮食牛以要秦穆公信乎？孟子曰：否不然好事者為之也。百里奚虞人也。晉人以垂棘之璧與屈產之乘假道於虞以伐虢。宮之奇諫百里奚不諫。

知虞公之不可諫而去之秦年已七十矣。曾不知以食牛干秦穆公之為汙也可謂智乎？不可諫而不諫可謂不智乎？知虞公之將亡而先去之不可謂不智也。時舉於秦知穆公之可與有行也而相之可謂不智乎？相秦而顯其君於天下可傳於後世不賢而能之乎？自鬻以成其君鄉黨自好者不為而謂賢者為之乎？

十二

成其君鄉黨自好者不爲而謂賢者爲之乎。

孟子曰天下有道以道殉身天下無道以身殉道未

聞以道殉乎人者也。

公孫丑問曰夫子加齊之卿相得行道焉雖由此霸

王不異矣。如此則動心否乎孟子曰否我四十不動

心曰若是則夫子過孟賁遠矣曰是不難告子先我

不動心曰不動心有道乎曰有北宮黝之養勇也不

膚撓不目逃思以一豪挫於人若撻之於市朝不受

於褐寬博亦不受於萬乘之君視刺萬乘之君若刺

褐夫無嚴諸侯惡聲至必反之孟施舍之所養勇也

曰視不勝猶勝也量敵而後進慮勝而後會是畏三

軍者也舍豈能爲必勝哉能無懼而已矣孟施舍似

曾子北宮黝似子夏夫二子之勇未知其孰賢然而

孟施舍守約也昔者曾子謂子襄曰子好勇乎吾嘗

聞大勇於夫子矣自反而不縮雖褐寬博吾不惴焉

自反而縮雖千萬人吾往矣孟施舍之守氣又不如

曾子之守約也曰敢問夫子之不動心與告子之不

動心可得聞與告子曰不得於言勿求於心不得於

心勿求於氣不得於心勿求於氣可不得於言勿求

於心不可夫志氣之帥也氣體之充也夫志至焉氣

孟子見梁惠王。王曰：「叟！不遠千里而來，亦將有以利吾國乎？」

孟子對曰：「王！何必曰利？亦有仁義而已矣。王曰『何以利吾國』？大夫曰『何以利吾家』？士庶人曰『何以利吾身』？上下交征利而國危矣。萬乘之國，弒其君者，必千乘之家；千乘之國，弒其君者，必百乘之家。萬取千焉，千取百焉，不為不多矣。苟為後義而先利，不奪不饜。未有仁而遺其親者也，未有義而後其君者也。王亦曰仁義而已矣，何必曰利？」

次焉故曰持其志無暴其氣既曰志至焉氣次焉又

曰持其志無暴其氣者何也曰志壹則動氣氣壹則

動志也今夫蹶者趨者是氣也而反動其心敢問夫

子惡乎長曰我知言我善養吾浩然之氣敢問何謂

浩然之氣曰難言也其為氣也至大至剛以直養而

無害則塞于天地之閒其為氣也配義與道無是餒

也是集義所生者非義襲而取之也行有不慊於心

則餒矣我故曰告子未嘗知義以其外之也必有事

焉而勿正心勿忘勿助長也無若宋人然宋人有閔

其苗之不長而揠之者芒芒然歸謂其人曰今日病

孟子十讀篇
氣第一

古

矣予助苗長矣其子趨而往視之苗則槁矣天下之

不助苗長者寡矣以為無益而舍之者不耘苗者也

助之長者揠苗者也非徒無益而又害之何謂知言

曰詖辭知其所蔽淫辭知其所陷邪辭知其所離遁

辭知其所窮生於其心害於其政發於其政害於其

事聖人復起必從吾言矣宰我子貢善為說辭冉牛

閔子顏淵善言德行孔子兼之曰我於辭命則不能

也然則夫子既聖矣乎曰惡是何言也昔者子貢問

於孔子曰夫子聖矣乎孔子曰聖則吾不能我學不

厭而教不倦也子貢曰學不厭智也教不倦仁也仁

十四

且智夫子既聖矣乎夫聖孔子不居是何言也昔者

竊聞之子夏子游子張皆有聖人之一體冉牛閔子

顏淵則具體而微敢問所安曰姑舍是曰伯夷伊尹

何如曰不同道非其君不事非其民不使治則進亂

則退伯夷也何事非君何使非民治亦進亂亦進伊

尹也可以仕則仕可以止則止可以久則久可以速

則速孔子也皆古聖人也吾未能有行焉乃所願則

學孔子也伯夷伊尹於孔子若是班乎曰否自有生

民以來未有孔子也然則有同與曰有得百里之地

而君之皆能以朝諸侯有天下行一不義殺一不辜

孟子十篇讀

氣第一

十五

而得天下皆不為也是則同曰敢問其所以異曰宰

我子貢有若智足以知聖人汙不至阿其所好宰我

曰以予觀於夫子賢於堯舜遠矣子貢曰見其禮而

知其政聞其樂而知其德由百世之後等百世之王

莫之能違也自生民以來未有夫子也有若曰豈惟

民哉麒麟之於走獸鳳凰之於飛鳥泰山之於邱垤

河海之於行潦類也聖人之於民亦類也出於其類

拔乎其萃自生民以來未有盛於孔子也。

曰：「伯夷、伊尹何如？」曰：「不同道。非其君不事，非其民不使，治則進，亂則退，伯夷也。何事非君，何使非民，治亦進，亂亦進，伊尹也。可以仕則仕，可以止則止，可以久則久，可以速則速，孔子也。皆古聖人也，吾未能有行焉；乃所願，則學孔子也。」

「伯夷、伊尹於孔子，若是班乎？」曰：「否。自有生民以來，未有孔子也。」曰：「然則有同與？」曰：「有。得百里之地而君之，皆能以朝諸侯、有天下。行一不義、殺一不辜而得天下，皆不為也。是則同。」

曰：「敢問其所以異？」曰：「宰我、子貢、有若，智足以知聖人，汙不至阿其所好。宰我曰：『以予觀於夫子，賢於堯舜遠矣。』子貢曰：『見其禮而知其政，聞其樂而知其德。由百世之後，等百世之王，莫之能違也。自生民以來，未有夫子也。』有若曰：『豈惟民哉？麒麟之於走獸，鳳凰之於飛鳥，泰山之於丘垤，河海之於行潦，類也。聖人之於民，亦類也。出於其類，拔乎其萃，自生民以來，未有盛於孔子也。』」

王子墊問曰士何事孟子曰尚志曰何謂尚志曰仁

義而已矣殺一無罪非仁也非其有而取之非義也

居惡在仁是也路惡在義是也居仁由義大人之事

備矣。

景春曰公孫衍張儀豈不誠大丈夫哉一怒而諸侯

懼安居而天下熄孟子曰是焉得為大丈夫乎子未

學禮乎丈夫之冠也父命之女子之嫁也母命之往

送之門戒之曰往之女家必敬必戒無違夫子以順

為正者妾婦之道也居天下之廣居立天下之正位

行天下之大道得志與民由之不得志獨行其道富

貴不能淫貧賤不能移威武不能屈此之謂大丈夫

孟子謂宋句踐曰子好遊乎吾語子遊人知之亦囂

囂人不知亦囂囂曰何如斯可以囂囂矣曰尊德樂

義則可以囂囂矣故士窮不失義達不離道窮不失

義故士得已焉達不離道故民不失望焉古之人得

志澤加於民不得志修身見於世窮則獨善其身達

則兼善天下。

孟子曰廣土眾民君子欲之所樂不存焉中天下而

立定四海之民君子樂之所性不存焉君子所性雖

大行不加焉雖窮居不損焉分定故也君子所性仁
義禮智根於心其生色也睟然見於面盎於背施於
四體四體不言而喻

孟子曰有事君人者事是君則為容悅者也有安社
稷臣者以安社稷為悅者也有天民者達可行於天
下而後行之者也有大人者正己而物正者也

孟子曰有不虞之譽有求全之毀

貉稽曰稽大不理於口孟子曰無傷也士憎茲多口

詩云憂心悄悄慍於群小孔子也肆不殄厥慍亦不

殞厥問文王也

公孫丑曰詩曰不素餐兮君子之不耕而食何也孟
子曰君子居是國也其君用之則安富尊榮其子弟
從之則孝弟忠信不素餐兮孰大於是

彭更問曰後車數十乘從者數百人以傳食於諸侯
不以泰乎孟子曰非其道則一簞食不可受於人如
其道則舜受堯之天下不以為泰子以為泰乎曰否
士無事而食不可也曰子不通功易事以羨補不足
則農有餘粟女有餘布子如通之則梓匠輪輿皆得
食於子於此有人焉入則孝出則悌守先王之道以
待後之學者而不得食於子子何尊梓匠輪輿而輕

為仁義者哉曰梓匠輪輿其志將以求食也君子之

為道也其志亦將以求食與曰子何以其志為哉其

有功於子可食而食之矣且子食志乎食功乎曰食

志曰有人於此毀瓦畫墁其志將以求食也則子食

之乎曰否曰然則子非食志也食功也

陳子曰古之君子何如則仕孟子曰所就三所去三

迎之致敬以有禮言將行其言也則就之禮貌未衰

言弗行也則去之其次雖未行其言也迎之致敬以

有禮則就之禮貌衰則去之其下朝不食夕不食飢

餓不能出門戶君聞之曰吾大者不能行其道又不

能從其言也使飢餓於我土地吾恥之周之亦可受

也免死而已矣。

孟子曰仕非為貧也而有時乎為貧娶妻非為養也

而有時乎為養為貧者辭尊居卑辭富居貧辭尊居

卑辭富居貧惡乎宜乎抱關擊柝孔子嘗為委吏矣

曰會計當而已矣嘗為乘田矣曰牛羊茁壯長而已

矣位卑而言高罪也立乎人之本朝而道不行恥也

周霄問曰古之君子仕乎孟子曰仕傳曰孔子三月

無君則皇皇如也出疆必載質公明儀曰古之人三

月無君則弔三月無君則弔不以急乎曰士之失位

民無巧曰二月民無巧曰不以繼乎子夫為
無巧曰昰昰昰出醫本韯貲公吏義曰古之人二
周貲問曰古之為乎我乎盈乎毕出齊曰古之共三月
乎立乎高舉乎圡乎人之本乎而韯不乎衵出
曰舍當乎曰舍當寫乘田舍曰乎羊曲出乎西曰
乎輯富呂貲惡乎宜乎而關韯乎上乎當寫義矣
而衵若平為養寫貲皆輯算呂昰當貲沒義呂
逼乎曰出非養貲由而宜乎乎券呂沒費非養由
乎求巧曰求
指笑其言由孜貲亦集圡曲苖乎人之乎何乎受

賴不縮出門耳皆聞之曰舍大者不縮乎其者又不
實艷娟救之巚兆妻娟夫之其乎莫不食之不食隨
言乎計由頥夫之其之舜未乎其言由吺之娟遁乂
巧之庭道之言艷乎其言由頥稧之巚乎未矣
韯午曰古之皆午乎眼頥乎益乎曰遁稂二乎未二
之乎曰古曰然頥乎非貲志由貲乎乎

志曰古人人杣製瓦舊娶其志稂乎来貲由呂乎乎
官武然午乎貲乎之朵且乎貲乎乎乎曰貲
盈首出其志本縬之来貲通曰午乎乎其志寫娟其
寫乎義若韯曰本乎同乎鐘娟其志縬乎来貲由昏午之

也猶諸侯之失國家也禮曰諸侯耕助以供粢盛夫
人蠶繰以為衣服犧牲不成粢盛不潔衣服不備不
敢以祭惟士無田則亦不祭牲殺器皿衣服不備不
敢以祭則不敢以宴亦不足弔乎出疆必載質何也
曰士之仕也猶農夫之耕也農夫豈為出疆舍其未
耨哉曰晉國亦仕國也未嘗聞仕如此其急仕如此
其急也君子之難仕何也曰丈夫生而願為之有室
女子生而願為之有家父母之心人皆有之不待父
母之命媒妁之言鑽穴隙相窺踰牆相從則父母國
人皆賤之古之人未嘗不欲仕也又惡不由其道不

由其道而仕者與鑽穴隙之類也
陳代曰不見諸侯宜若小然今一見之大則以王小
則以霸且志曰枉尺而直尋宜若可為也孟子曰昔
齊景公田招虞人以旌不至將殺之志士不忘在溝
壑勇士不忘喪其元孔子奚取焉取非其招不往也
如不待其招而往何哉且夫枉尺而直尋者以利言
也如以利則枉尋直尺而利亦可為與昔者趙簡子
使王良與嬖奚乘終日而不獲一禽嬖奚反命曰天
下之賤工也或以告王良良曰請復之強而後可一
朝而獲十禽嬖奚反命曰天下之良工也簡子曰我

使掌與女乘謂王良良不可曰吾爲之範我馳驅終
日不獲一為之詭遇一朝而獲十詩云不失其馳舍
矢如破我不貫與小人乘請辭御者且羞與射者比
此而得禽獸雖若邱陵弗為也如枉道而從彼何也
且子過矣枉已者未有能直人者也
公孫丑問曰不見諸侯何義孟子曰古者不為臣不
見段干木踰垣而辟之泄柳閉門而不內是皆已甚
迫斯可以見矣陽貨欲見孔子而惡無禮大夫有賜
於士不得受於其家則往拜其門陽貨瞷孔子之亡
也而饋孔子蒸豚孔子亦瞷其亡也而往拜之當是

觀之則君子之所養可知已矣
萬章曰士之不託諸侯何也孟子曰不敢也諸侯失
國而後託於諸侯禮也士之託於諸侯非禮也萬章
路曰未同而言觀其色赧赧然非由之所知也由是
時陽貨先豈得不見曾子曰脅肩諂笑病于夏畦子
日君饋之粟則受之乎曰受之受之何義也曰君之
於氓也固周之則受賜之則不受何也曰不敢也曰
敢也曰敢問其不敢何也曰抱關擊柝者皆有常職
以食於上無常職而賜於上者以為不恭也曰君饋
之則受之不識可常繼乎曰繆公之於子思也亟問

亟餽鼎肉子思不悅於卒也摽使者出諸大門之外

北面稽首再拜而不受曰今而後知君之犬馬畜伋

蓋自是臺無餽也悅賢不能舉又不能養也可謂悅

賢乎曰敢問國君欲養君子如何斯可謂養矣曰以

君命將之再拜稽首而受其後廩人繼粟庖人繼肉

不以君命將之子思以為鼎肉使己僕僕爾亟拜也

非養君子之道也堯之於舜也使其子九男事之二

女女焉百官牛羊倉廩備以養舜於畎畝之中後舉

而加諸上位故曰王公之尊賢者也

萬章曰敢問不見諸侯何義也孟子曰在國曰市井

孟子十篇讀
士第二

之臣在野曰草莽之臣皆謂庶人庶人不傳質為臣

不敢見於諸侯禮也萬章曰庶人召之役則往役君

欲見之召之則不往見之何也曰往役義也往見不

義也且君之欲見之也何為也哉曰為其多聞也為

其賢也曰為其多聞也則天子不召師而況諸侯乎

為其賢也則吾未聞欲見賢而召之也繆公亟見於

子思曰古千乘之國以友士何如子思不悅曰古之

人有言曰事之云乎豈曰友之云乎子思之不悅也

豈不曰以位則子君也我臣也何敢與君友也以德

則子事我者也奚可以與我友千乘之君求與之友

二十二

思天下之民，匹夫匹婦有不與被堯舜之澤者，若己推而內之溝中，其自任以天下之重如此，故就湯而說之以伐夏救民。吾未聞枉己而正人者也，況辱己以正天下者乎。聖人之行不同也，或遠或近，或去或不去，歸潔其身而已矣。吾聞其以堯舜之道要湯，未聞以割烹也。伊訓曰：天誅造攻自牧宮，朕載自亳。

萬章問曰：或謂孔子於衛主癰疽，於齊主侍人瘠環，有諸乎。孟子曰：否，不然也，好事者為之也。於衛主顏讎由。彌子之妻與子路之妻，兄弟也。彌子謂子路曰：孔子主我，衛卿可得也。子路以告。孔子曰：有命。孔子進以禮，退以義，得之不得曰有命。而主癰疽與侍人瘠環，是無義無命也。孔子不悅於魯衛，遭宋桓司馬將要而殺之，微服而過宋。是時孔子當阨，主司城貞子，為陳侯周臣。吾聞觀近臣以其所為主，觀遠臣以其所主。若孔子主癰疽與侍人瘠環，何以為孔子。

而不可得也而況可召與齊景公田招虞人以旌不

至將殺之志士不忘在溝壑勇士不忘喪其元孔子

奚取焉取非其招不往也曰敢問招虞人何以曰以

皮冠庶人以旃士以旂大夫以旌以大夫之招招虞

人虞人死不敢往以士之招招庶人庶人豈敢往哉

況乎以不賢人之招招賢人乎欲見賢人而不以其

道猶欲其入而閉之門也夫義路也禮門也惟君子

能由是路出入是門也詩云周道如底其直如矢君

子所履小人所視萬章曰孔子君命召不俟駕而行

然則孔子非與曰孔子當仕有官職而以其官召之

也。

孟子曰古之賢王好善而忘勢古之賢士何獨不然

樂其道而忘人之勢故王公不致敬盡禮則不得亟

見之見且猶不得亟而況得而臣之乎。

孟子曰食而弗愛豕交之也愛而不敬獸畜之也恭

敬者幣之未將者也恭敬而無實君子不可虛拘。

萬章問曰敢問交際何心也孟子曰恭也曰卻之卻

之爲不恭何哉曰尊者賜之曰其所取之者義乎不

義乎而後受之以是爲不恭故弗卻也曰請無以辭

卻之以心卻之曰其取諸民之不義也而以他辭無

萬章問曰：「敢問交際何心也？」孟子曰：「恭也。」曰：「卻之卻之為不恭，何哉？」曰：「尊者賜之，曰：『其所取之者，義乎，不義乎？』而後受之，以是為不恭，故弗卻也。」曰：「請無以辭卻之，以心卻之，曰：『其取諸民之不義也。』而以他辭無受，不可乎？」曰：「其交也以道，其接也以禮，斯孔子受之矣。」萬章曰：「今有禦人於國門之外者，其交也以道，其餽也以禮，斯可受禦與？」曰：「不可。康誥曰：『殺越人于貨，閔不畏死，凡民罔不譈。』是不待教而誅者也。殷受夏，周受殷，所不辭也，於今為烈，如之何其受之？」曰：「今之諸侯取之於民也，猶禦也。苟善其禮際矣，斯君子受之，敢問何說也？」曰：「子以為有王者作，將比今之諸侯而誅之乎？其教之不改而後誅之乎？夫謂非其有而取之者盜也，充類至義之盡也。孔子之仕於魯也，魯人獵較，孔子亦獵較。獵較猶可，而況受其賜乎？」曰：「然則孔子之仕也，非事道與？」曰：「事道也。」「事道奚獵較也？」曰：「孔子先簿正祭器，不以四方之食供簿正。」曰：「奚不去也？」曰：「為之兆也。兆足以行矣，而不行，而後去，是以未嘗有所終三年淹也。孔子有見行可之仕，有際可之仕，有公養之仕。於季桓子，見行可之仕也；於衛靈公，際可之仕也；於衛孝公，公養之仕也。」

孟子曰：「仕非為貧也，而有時乎為貧；娶妻非為養也，而有時乎為養。為貧者，辭尊居卑，辭富居貧。辭尊居卑，辭富居貧，惡乎宜乎？抱關擊柝。孔子嘗為委吏矣，曰：『會計當而已矣。』嘗為乘田矣，曰：『牛羊茁壯長而已矣。』位卑而言高，罪也；立乎人之本朝，而道不行，恥也。」

萬章曰：「士之不託諸侯，何也？」孟子曰：「不敢也。諸侯失國，而後託於諸侯，禮也；士之託於諸侯，非禮也。」萬章曰：「君餽之粟，則受之乎？」曰：「受之。」「受之何義也？」曰：「君之於氓也，固周之。」曰：「周之則受，賜之則不受，何也？」曰：「不敢也。」曰：「敢問其不敢何也？」曰：「抱關擊柝者，皆有常職以食於上。無常職而賜於上者，以為不恭也。」曰：「君餽之，則受之，不識可常繼乎？」曰：「繆公之於子思也，亟問，亟餽鼎肉，子思不悅。於卒也，摽使者出諸大門之外，北面稽首再拜而不受，曰：『今而後知君之犬馬畜伋。』蓋自是臺無餽也。悅賢不能舉，又不能養也，可謂悅賢乎？」曰：「敢問國君欲養君子，如何斯可謂養矣？」曰：「以君命將之，再拜稽首而受。其後廩人繼粟，庖人繼肉，不以君命將之。子思以為鼎肉使己僕僕爾亟拜也，非養君子之道也。堯之於舜也，使其子九男事之，二女女焉，百官牛羊倉廩備，以養舜於畎畝之中，後舉而加諸上位，故曰，王公之尊賢者也。」

萬章曰：「敢問不見諸侯，何義也？」孟子曰：「在國曰市井之臣，在野曰草莽之臣，皆謂庶人。庶人不傳質為臣，不敢見於諸侯，禮也。」萬章曰：「庶人，召之役，則往役；君欲見之，召之，則不往見之，何也？」曰：「往役，義也；往見，不義也。且君之欲見之也，何為也哉？」曰：「為其多聞也，為其賢也。」曰：「為其多聞也，則天子不召師，而況諸侯乎？為其賢也，則吾未聞欲見賢而召之也。繆公亟見於子思，曰：『古千乘之國以友士，何如？』子思不悅，曰：『古之人有言曰，事之云乎，豈曰友之云乎？』子思之不悅也，豈不曰，以位，則子，君也，我，臣也，何敢與君友也？以德，則子事我者也，奚可以與我友？千乘之君求與之友而不可得也，而況可召與？齊景公田，招虞人以旌，不至，將殺之。志士不忘在溝壑，勇士不忘喪其元。孔子奚取焉？取非其招不往也。」曰：「敢問招虞人何以？」曰：「以皮冠，庶人以旃，士以旂，大夫以旌。以大夫之招招虞人，虞人死不敢往；以士之招招庶人，庶人豈敢往哉，況乎以不賢人之招招賢人乎？欲見賢人而不以其道，猶欲其入而閉之門也。夫義，路也；禮，門也。惟君子能由是路，出入是門也。詩云：『周道如底，其直如矢；君子所履，小人所視。』」萬章曰：「孔子，君命召，不俟駕而行；然則孔子非與？」曰：「孔子當仕有官職，而以其官召之也。」

受不可乎。曰其交也以道。其接也以禮。斯孔子受之

矣。萬章曰今有禦人於國門之外者。其交也以道其

饋也以禮。斯可受禦與。曰不可。康誥曰殺越人于貨

閔不畏死。凡民罔不譈。是不待教而誅者也。殷受夏

周受殷所不辭也。於今為烈。如之何其受之。曰今之

諸侯取之於民也。猶禦也。苟善其禮際矣。斯君子受

之。敢問何說也。曰子以為有王者作。將比今之諸侯

而誅之乎。其教之不改而後誅之乎。夫謂非其有而

取之者盜也。充類至義之盡也。孔子之仕於魯也。魯

人獵較。孔子亦獵較。獵較猶可。而況受其賜乎。曰然

孟子十篇讀　上第二　　　　二十三

則孔子之仕也。非事道與。曰事道也。事道奚獵較也。

曰孔子先簿正祭器。不以四方之食供簿正。曰奚不

去也。曰為之兆也。兆足以行矣。而不行而後去。是以

未嘗有所終三年淹也。孔子有見行可之仕。有際可

之仕。有公養之仕也。於季桓子見行可之仕也。於衛靈

公際可之仕也。於衛孝公公養之仕也。

孟子曰君子之戹於陳蔡之間。無上下之交也。

孟子將朝王。王使人來曰寡人如就見者也。有寒疾

不可以風。朝將視朝。不識可使寡人得見乎。對曰不

幸而有疾。不能造朝。明日出弔於東郭氏。公孫丑曰

昔者辭以病今日弔或者不可乎曰昔者疾今日愈

如之何不弔王使人問疾醫來孟仲子對曰昔者有

王命有采薪之憂不能造朝今病小愈趨造於朝我

不識能至否乎使數人要於路曰請必無歸而造於

朝不得已而之景丑氏宿焉景子曰內則父子外則

君臣人之大倫也父子主恩君臣主敬丑見王之敬

子也未見所以敬王也曰惡是何言也齊人無以仁

義與王言者豈以仁義為不美也其心曰是何足與

言仁義也云爾則不敬莫大乎是我非堯舜之道不

敢以陳於王前故齊人莫如我敬王也景子曰否非

此之謂也禮曰父召無諾君命召不俟駕固將朝也

聞王命而遂不果宜與夫禮若不相似然曰豈謂是

與曾子曰晉楚之富不可及也彼以其富我以吾仁

彼以其爵我以吾義吾何慊乎哉夫豈不義而曾子

言之是或一道也天下有達尊三爵一齒一德一朝

廷莫如爵鄉黨莫如齒輔世長民莫如德惡得有其

一以慢其二哉故將大有為之君必有所不召之臣

欲有謀焉則就之其尊德樂道不如是不足以有為

也故湯之於伊尹學焉而後臣之故不勞而王桓公

之於管仲學焉而後臣之故不勞而霸今天下地醜

德齊莫能相尚。無他好臣其所教而不好臣其所受

教湯之於伊尹桓公之於管仲則不敢召管仲且猶

不可召而況不爲管仲者乎。

孟子曰說大人則藐之勿視其巍巍然堂高數仞榱

題數尺我得志弗爲也食前方丈侍妾數百人我得

志弗爲也般樂飲酒驅騁田獵後車千乘我得志弗

爲也在彼者皆我所不爲也在我者皆古之制也吾

何畏彼哉。

孟子曰。民為貴。社稷次之。君為輕。是故得乎丘民而
為天子。得乎天子為諸侯。得乎諸侯為大夫。諸侯危
社稷則變置。犧牲既成。粢盛既潔。祭祀以時。然而旱
乾水溢則變置社稷。

萬章曰。堯以天下與舜。有諸。孟子曰。否。天子不能以
天下與人。然則舜有天下也。孰與之。曰。天與之。天與
之者諄諄然命之乎。曰。否。天不言。以行與事示之而
已矣。曰。以行與事示之者如之何。曰。天子能薦人於
天不能使天與之天下。諸侯能薦人於天子。不能使

天子與之諸侯。大夫能薦人於諸侯。不能使諸侯與
之大夫。昔者堯薦舜於天而天受之。暴之於民而民
受之。故曰。天不言。以行與事示之而已矣。曰。敢問薦
之於天而天受之。暴之於民而民受之。如何。曰。使之
主祭而百神享之。是天受之。使之主事而事治。百姓
安之。是民受之也。天與之。人與之。故曰。天子不能以
天下與人。舜相堯二十有八載。非人之所能為也。天
也。堯崩。三年之喪畢。舜避堯之子於南河之南。天下
諸侯朝覲者不之堯之子而之舜。訟獄者不之堯之
子而之舜。謳歌者不謳歌堯之子而謳歌舜。故曰。天

天與之，人與之，故曰：天子不能以天下與人。

舜相堯二十有八載，非人之所能為也，天也。堯崩，三年之喪畢，舜避堯之子於南河之南。天下諸侯朝覲者，不之堯之子而之舜；訟獄者，不之堯之子而之舜；謳歌者，不謳歌堯之子而謳歌舜，故曰天也。夫然後之中國，踐天子位焉。而居堯之宮，逼堯之子，是篡也，非天與也。太誓曰：天視自我民視，天聽自我民聽，此之謂也。

使之主祭而百神享之，是天受之；使之主事而事治，百姓安之，是民受之也。

曰：敢問薦之於天而天受之，暴之於民而民受之，如何？

昔者堯薦舜於天而天受之，暴之於民而民受之，故曰：天不言，以行與事示之而已矣。

大夫能薦人於諸侯，不能使諸侯與之大夫。

諸侯能薦人於天子，不能使天子與之諸侯；

天子能薦人於天，不能使天與之天下；

曰：以行與事示之者，如之何？

曰：否，天不言，以行與事示之而已矣。

天與之者，諄諄然命之乎？

曰：天與之。

然則舜有天下也，孰與之？

曰：否，天子不能以天下與人。

萬章曰：堯以天下與舜，有諸？

萬章問曰：人有言，至於禹而德衰，不傳於賢而傳於子，有諸？

孟子曰：否，不然也。天與賢則與賢，天與子則與子。

昔者舜薦禹於天，十有七年，舜崩，三年之喪畢，禹避舜之子於陽城。天下之民從之，若堯崩之後，不從堯之子而從舜也。

禹薦益於天，七年，禹崩，三年之喪畢，益避禹之子於箕山之陰。朝覲訟獄者，不之益而之啟，曰：吾君之子也；謳歌者，不謳歌益而謳歌啟，曰：吾君之子也。

丹朱之不肖，舜之子亦不肖。舜之相堯，禹之相舜也，歷年多，施澤於民久。

也。夫然後之中國踐天子位焉。而居堯之宮逼堯之

子。是簒也。非天與也。泰誓曰。天視自我民視。天聽自

我民聽。此之謂也。

萬章問曰。人有言至於禹而德衰。不傳於賢而傳於

子。有諸孟子曰。否。不然也。天與賢則與賢。天與子則

與子。昔者舜薦禹於天十有七年。舜崩三年之喪畢。

禹避舜之子於陽城。天下之民從之若堯崩之後不

從堯之子而從舜也。爲薦益於天七年。禹崩三年之

喪畢。益避禹之子於箕山之陰。朝覲訟獄者不之益

而之啟曰吾君之子也。謳歌者不謳歌益而謳歌啟

曰吾君之子也。丹朱之不肖。舜之子亦不肖。舜之相

堯禹之相舜也。歷年多。施澤於民久。啟賢能敬承繼

禹之道益之相禹也。歷年少。施澤於民未久。舜禹益

相去久遠。其子之賢不肖皆天也。非人之所能爲也。

莫之爲而爲者天也。莫之致而至者命也。匹夫而有

天下者德必若舜禹而又有天子薦之者。故仲尼不

有天下。繼世而有天下。天之所廢必若桀紂者也。故

益伊尹周公不有天下。伊尹相湯以王於天下。湯崩

太丁未立外丙二年。仲壬四年。太甲顚覆湯之典刑。

伊尹放之於桐三年。太甲悔過自怨自艾於桐處仁

萬章問曰：「人有言『至於禹而德衰，不傳於賢而傳於子』，有諸？」孟子曰：「否，不然也。天與賢，則與賢；天與子，則與子。昔者，舜薦禹於天，十有七年，舜崩。三年之喪畢，禹避舜之子於陽城。天下之民從之，若堯崩之後不從堯之子而從舜也。禹薦益於天，七年，禹崩。三年之喪畢，益避禹之子於箕山之陰。朝覲訟獄者不之益而之啟，曰：『吾君之子也。』謳歌者不謳歌益而謳歌啟，曰：『吾君之子也。』丹朱之不肖，舜之子亦不肖。舜之相堯、禹之相舜也，歷年多，施澤於民久。啟賢，能敬承繼禹之道。益之相禹也，歷年少，施澤於民未久。舜、禹、益相去久遠，其子之賢不肖，皆天也，非人之所能為也。莫之為而為者，天也；莫之致而至者，命也。匹夫而有天下者，德必若舜禹，而又有天子薦之者，故仲尼不有天下。繼世以有天下，天之所廢，必若桀紂者也，故益、伊尹、周公不有天下。伊尹相湯以王於天下。湯崩，太丁未立，外丙二年，仲壬四年。太甲顛覆湯之典刑，伊尹放之於桐。三年，太甲悔過，自怨自艾，於桐處仁遷義，三年，以聽伊尹之訓己也，復歸于亳。周公之不有天下，猶益之於夏、伊尹之於殷也。孔子曰：『唐虞禪，夏后、殷、周繼，其義一也。』」

萬章問曰：「人有言『伊尹以割烹要湯』，有諸？」孟子曰：「否，不然。伊尹耕於有莘之野，而樂堯舜之道焉。非其義也，非其道也，祿之以天下弗顧也，繫馬千駟弗視也。非其義也，非其道也，一介不以與人，一介不以取諸人。

遷義三年以聽伊尹之訓已也復歸于亳周公之不

有天下猶益之於夏伊尹之於殷也孔子曰唐虞禪

夏后殷周繼其義一也

孟子曰天時不如地利地利不如人和三里之城七

里之郭環而攻之而不勝夫環而攻之必有得天時

者矣然而不勝者是天時不如地利也城非不高也

池非不深也兵革非不堅利也米粟非不多也委而

去之是地利不如人和也故曰域民不以封疆之界

固國不以山谿之險威天下不以兵革之利得道者

多助失道者寡助寡助之至親戚畔之多助之至天

下順之以天下之所順攻親戚之所畔故君子有不

戰戰必勝矣。

孟子見梁惠王王立於沼上顧鴻鴈麋鹿曰賢者亦

樂此乎孟子對曰賢者而後樂此不賢者雖有此不

樂也詩云經始靈臺經之營之庶民攻之不日成之

經始勿亟庶民子來王在靈囿麀鹿攸伏麀鹿濯濯

白鳥鶴鶴王在靈沼於牣魚躍文王以民力為臺為

沼而民歡樂之謂其臺曰靈臺謂其沼曰靈沼樂其

有麋鹿魚鼈古之人與民偕樂故能樂也湯誓曰時

日害喪予及女偕亡民欲與之偕亡雖有臺池鳥獸

賢者而後樂此，不賢者雖有此，不樂也。詩云：經始靈臺，經之營之，庶民攻之，不日成之。經始勿亟，庶民子來。王在靈囿，麀鹿攸伏，麀鹿濯濯，白鳥鶴鶴。王在靈沼，於牣魚躍。文王以民力為臺為沼，而民歡樂之，謂其臺曰靈臺，謂其沼曰靈沼，樂其有麋鹿魚鱉。古之人與民偕樂，故能樂也。湯誓曰：時日害喪，予及女偕亡。民欲與之偕亡，雖有臺池鳥獸，豈能獨樂哉。

梁惠王曰：寡人之於國也，盡心焉耳矣。河內凶，則移其民於河東，移其粟於河內。河東凶亦然。察鄰國之政，無如寡人之用心者。鄰國之民不加少，寡人之民不加多，何也。孟子對曰：王好戰，請以戰喻。填然鼓之，兵刃既接，棄甲曳兵而走。或百步而後止，或五十步而後止。以五十步笑百步，則何如。曰：不可，直不百步耳，是亦走也。曰：王如知此，則無望民之多於鄰國也。不違農時，穀不可勝食也。數罟不入洿池，魚鱉不可勝食也。斧斤以時入山林，材木不可勝用也。穀與魚鱉不可勝食，材木不可勝用，是使民養生喪死無憾也。養生喪死無憾，王道之始也。

豈能獨樂哉。

梁惠王曰寡人願安承教孟子對曰殺人以梃與刃有以異乎曰無以異也以刃與政有以異乎曰無以異也曰庖有肥肉廄有肥馬民有飢色野有餓莩此率獸而食人也獸相食且人惡之為民父母行政不免於率獸而食人惡在其為民父母也仲尼曰始作俑者其無後乎為其象人而用之也如之何其使斯民飢而死也。

梁惠王曰晉國天下莫強焉叟之所知也及寡人之身東敗於齊長子死焉西喪地於秦七百里南辱於

楚寡人恥之願比死者壹洒之如之何則可孟子對曰地方百里而可以王王如施仁政於民省刑罰薄稅斂深耕易耨壯者以暇日修其孝悌忠信入以事其父兄出以事其長上可使制梃以撻秦楚之堅甲利兵矣彼奪其民時使不得耕耨以養其父母父母凍餓兄弟妻子離散彼陷溺其民王往而征之夫誰與王敵故曰仁者無敵王請勿疑。

孟子見梁襄王出語人曰望之不似人君就之而不見所畏焉卒然問曰天下惡乎定吾對曰定于一孰能一之對曰不嗜殺人者能一之孰能與之對曰天

竊負而逃，遵海濱而處，終身訢然，樂而忘天下。

孟子自范之齊，望見齊王之子，喟然歎曰：居移氣，養移體，大哉居乎！夫非盡人之子與？孟子曰：王子宮室、車馬、衣服多與人同，而王子若彼者，其居使之然也；況居天下之廣居者乎？魯君之宋，呼於垤澤之門。守者曰：此非吾君也，何其聲之似我君也？此無他，居相似也。

孟子曰：食而弗愛，豕交之也；愛而不敬，獸畜之也。恭敬者，幣之未將者也。恭敬而無實，君子不可虛拘。

孟子曰：形色，天性也；惟聖人然後可以踐形。

齊宣王欲短喪。公孫丑曰：為朞之喪，猶愈於已乎？孟子曰：是猶或紾其兄之臂，子謂之姑徐徐云爾，亦教之孝弟而已矣。王子有其母死者，其傅為之請數月之喪。公孫丑曰：若此者何如也？曰：是欲終之而不可得也，雖加一日愈於已，謂夫莫之禁而弗為者也。

孟子曰：君子之所以教者五：有如時雨化之者，有成德者，有達財者，有答問者，有私淑艾者。此五者，君子之所以教也。

公孫丑曰：道則高矣，美矣，宜若登天然，似不可及也；何不使彼為可幾及而日孳孳也？孟子曰：大匠不為拙工改廢繩墨，羿不為拙射變其彀率。君子引而不發，躍如也，中道而立，能者從之。

下奠不與也王知夫苗乎七八月之閒旱則苗槁矣

天油然作雲霈然下雨則苗浡然興之矣其如是孰

能禦之今夫天下之人牧未有不嗜殺人者也如有

不嗜殺人者則天下之民皆引領而望之矣誠如是

也民歸之由水之就下霈然誰能禦之

莊暴見孟子曰暴見於王王語暴以好樂暴未有以

對也曰好樂何如孟子曰王之好樂甚則齊國其庶

幾乎他日見於王曰王嘗語莊子以好樂有諸王變

乎色曰寡人非能好先王之樂也直好世俗之樂耳

曰王之好樂甚則齊其庶幾乎今之樂猶古之樂也

曰可得聞與曰獨樂樂與人樂樂孰樂曰不若與人

曰與少樂樂與眾樂樂孰樂曰不若與眾臣請為王

言樂今王鼓樂於此百姓聞王鐘鼓之聲管籥之音

舉疾首蹙頞而相告曰吾王之好鼓樂夫何使我至

於此極也父子不相見兄弟妻子離散今王田獵於

此百姓聞王車馬之音見羽旄之美舉疾首蹙頞而

相告曰吾王之好田獵夫何使我至於此極也父子

不相見兄弟妻子離散此無他不與民同樂也今王

鼓樂於此百姓聞王鐘鼓之聲管籥之音舉欣欣然

有喜色而相告曰吾王庶幾無疾病與何以能鼓樂

三十

莊暴見孟子曰：「暴見於王，王語暴以好樂，暴未有以對也。」曰：「好樂何如？」孟子曰：「王之好樂甚，則齊國其庶幾乎！」

他日，見於王曰：「王嘗語莊子以好樂，有諸？」王變乎色曰：「寡人非能好先王之樂也，直好世俗之樂耳。」

曰：「王之好樂甚，則齊其庶幾乎！今之樂由古之樂也。」

曰：「可得聞與？」曰：「獨樂樂，與人樂樂，孰樂？」曰：「不若與人。」曰：「與少樂樂，與眾樂樂，孰樂？」曰：「不若與眾。」

「臣請為王言樂。今王鼓樂於此，百姓聞王鐘鼓之聲、管籥之音，舉疾首蹙頞而相告曰：『吾王之好鼓樂，夫何使我至於此極也？父子不相見，兄弟妻子離散。』今王田獵於此，百姓聞王車馬之音，見羽旄之美，舉疾首蹙頞而相告曰：『吾王之好田獵，夫何使我至於此極也？父子不相見，兄弟妻子離散。』此無他，不與民同樂也。

「今王鼓樂於此，百姓聞王鐘鼓之聲、管籥之音，舉欣欣然有喜色而相告曰：『吾王庶幾無疾病與，何以能鼓樂也？』今王田獵於此，百姓聞王車馬之音，見羽旄之美，舉欣欣然有喜色而相告曰：『吾王庶幾無疾病與，何以能田獵也？』此無他，與民同樂也。今王與百姓同樂，則王矣。」

梁惠王章句下

卷第二

不違農時，穀不可勝食也；數罟不入洿池，魚鱉不可勝食也；斧斤以時入山林，材木不可勝用也。穀與魚鱉不可勝食，材木不可勝用，是使民養生喪死無憾也。養生喪死無憾，王道之始也。

也。今王田獵於此。百姓聞王車馬之音。見羽旄之美。舉欣欣然有喜色而相告曰。吾王庶幾無疾病與。何以能田獵也。此無他與民同樂也。今王與百姓同樂。則王矣。

齊宣王問曰。交王之囿方七十里。有諸。孟子對曰。於傳有之。曰若是其大乎。曰民猶以為小也。曰寡人之囿方四十里。民猶以為大何也。曰交王之囿方七十里。芻蕘者往焉。雉兔者往焉。與民同之。民以為小不亦宜乎。臣始至於境。問國之大禁。然後敢入。臣聞郊關之內有囿方四十里。殺其麋鹿者如殺人之罪。則是方四十里為阱於國中。民以為大不亦宜乎。

齊宣王問曰。交鄰國有道乎。孟子對曰。有。惟仁者為能以大事小。是故湯事葛。交王事昆夷。惟智者為能以小事大。故大王事獯鬻。勾踐事吳。以大事小者樂天者也。以小事大者畏天者也。樂天者保天下。畏天者保其國。詩云。畏天之威。于時保之。王曰。大哉言矣。寡人有疾。寡人好勇。對曰。王請無好小勇。夫撫劍疾視曰。彼惡敢當我哉。此四夫之勇。敵一人者也。王請大之。詩云。王赫斯怒。爰整其旅。以遏徂莒。以篤周祜。以對于天下。此交王之勇也。交王一怒而安天下之

詩云：「畏天之威，于時保之。」樂天者保天下，畏天者保其國。

惟仁者為能以大事小，是故湯事葛，文王事昆夷。惟智者為能以小事大，故大王事獯鬻，句踐事吳。以大事小者，樂天者也；以小事大者，畏天者也。樂天者保天下，畏天者保其國。詩云：「畏天之威，于時保之。」

王曰：「大哉言矣！寡人有疾，寡人好勇。」

對曰：「王請無好小勇。夫撫劍疾視曰『彼惡敢當我哉』！此匹夫之勇，敵一人者也。王請大之。詩云：『王赫斯怒，爰整其旅，以遏徂莒，以篤周祜，以對于天下。』此文王之勇也。文王一怒而安天下之民。

臣聞郊關之內有囿方四十里，殺其麋鹿者如殺人之罪。則是方四十里，為阱於國中。民以為大，不亦宜乎？」

曰：「文王之囿方七十里，芻蕘者往焉，雉兔者往焉，與民同之。民以為小，不亦宜乎？

臣始至於境，問國之大禁，然後敢入。

曰：「寡人之囿方四十里，民猶以為大，何也？」

齊宣王問曰：「文王之囿方七十里，有諸？」孟子對曰：「於傳有之。」曰：「若是其大乎？」曰：「民猶以為小也。」

今王與百姓同樂，則王矣。

民。書曰。天降下民作之君作之師惟曰其助上帝寵
之四方有罪無罪惟我在天下曷敢有越厥志。一人
衡行於天下武王恥之此武王之勇也而武王亦一
怒而安天下之民今王亦一怒而安天下之民惟
恐王之不好勇也。

齊宣王見孟子於雪宮王曰賢者亦有此樂乎孟子
對曰有人不得則非其上矣不得而非其上者非也
爲民上而不與民同樂者亦非也樂民之樂者民亦
樂其樂憂民之憂者民亦憂其憂樂以天下憂以天
下然而不王者未之有也昔者齊景公問於晏子曰

吾欲觀於轉附朝儛遵海而南放於琅邪吾何脩而
可以比於先王觀也晏子對曰善哉問也天子適諸
侯曰巡狩巡狩者巡所守也諸侯朝於天子曰述職
述職者述所職也無非事者春省耕而補不足秋省
斂而助不給夏諺曰吾王不遊吾何以休吾王不豫
吾何以助。一遊一豫為諸侯度今也不然師行而糧
食。飢者弗食勞者弗息睊睊胥讒民乃作慝方命虐
民飲食若流流連荒亡為諸侯憂從流下而忘反謂
之流從流上而忘反謂之連從獸無厭謂之荒樂酒
無厭謂之亡先王無流連之樂荒亡之行惟君所行

人不得，則非其上矣。不得而非其上者，非也；為民上而不與民同樂者，亦非也。樂民之樂者，民亦樂其樂；憂民之憂者，民亦憂其憂。樂以天下，憂以天下，然而不王者，未之有也。

昔者齊景公問於晏子曰：「吾欲觀於轉附、朝儛，遵海而南，放于琅邪，吾何修而可以比於先王觀也？」晏子對曰：「善哉問也！天子適諸侯曰巡狩，巡狩者巡所守也；諸侯朝於天子曰述職，述職者述所職也。無非事者。春省耕而補不足，秋省斂而助不給。夏諺曰：『吾王不遊，吾何以休？吾王不豫，吾何以助？一遊一豫，為諸侯度。』今也不然：師行而糧食，飢者弗食，勞者弗息。睊睊胥讒，民乃作慝。方命虐民，飲食若流。流連荒亡，為諸侯憂。從流下而忘反謂之流，從流上而忘反謂之連，從獸無厭謂之荒，樂酒無厭謂之亡。先王無流連之樂，荒亡之行。惟君所行也。」景公說，大戒於國，出舍於郊。於是始興發補不足。召大師曰：「為我作君臣相說之樂！」蓋徵招角招是也。其詩曰：「畜君何尤？」畜君者，好君也。

也景公說大戒於國出舍於郊於是始興發補不足

召太師曰為我作君臣相說之樂蓋徵招角招是也

其詩曰畜君何尤畜君者好君也

齊宣王問曰人皆謂我毀明堂毀諸已乎孟子對曰

夫明堂者王者之堂也王欲行王政則勿毀之矣王

曰王政可得聞與對曰昔者文王之治岐也耕者九

一仕者世祿關市譏而不征澤梁無禁罪人不孥老

而無妻曰鰥老而無夫曰寡老而無子曰獨幼而無

父曰孤此四者天下之窮民而無告者文王發政施

仁必先斯四者詩云哿矣富人哀此煢獨王曰善哉

言乎王如善之則何為不行王曰寡人有疾寡人

好貨對曰昔者公劉好貨詩云乃積乃倉乃裹餱糧

于橐于囊思戢用光弓矢斯張干戈戚揚爰方啟行

故居者有積倉行者有裹囊也然後可以爰方啟行

王如好貨與百姓同之於王何有王曰寡人有疾寡

人好色對曰昔者太王好色愛厥妃詩云古公亶父

來朝走馬率西水滸至于岐下爰及姜女聿來胥宇

當是時也內無怨女外無曠夫王如好色與百姓同

之於王何有。

孟子曰為政不難不得罪於巨室巨室之所慕一國

孟子見梁惠王。王立於沼上，顧鴻鴈麋鹿，曰：賢者亦樂此乎？

孟子對曰：賢者而後樂此，不賢者雖有此，不樂也。

詩云：經始靈臺，經之營之，庶民攻之，不日成之。經始勿亟，庶民子來。王在靈囿，麀鹿攸伏，麀鹿濯濯，白鳥鶴鶴。王在靈沼，於牣魚躍。文王以民力為臺為沼，而民歡樂之，謂其臺曰靈臺，謂其沼曰靈沼，樂其有麋鹿魚鼈。古之人與民偕樂，故能樂也。

湯誓曰：時日害喪，予及女偕亡。民欲與之偕亡，雖有臺池鳥獸，豈能獨樂哉？

齊宣王問曰：文王之囿方七十里，有諸？

孟子對曰：於傳有之。

曰：若是其大乎？

曰：民猶以為小也。

曰：寡人之囿方四十里，民猶以為大，何也？

曰：文王之囿方七十里，芻蕘者往焉，雉兔者往焉，與民同之，民以為小，不亦宜乎？臣始至於境，問國之大禁，然後敢入。臣聞郊關之內有囿方四十里，殺其麋鹿者如殺人之罪，則是方四十里為阱於國中，民以為大，不亦宜乎？

慕之。一國之所慕，天下慕之，故沛然德教溢乎四海。

孟子謂齊宣王曰：王之臣有託其妻子於其友而之
楚遊者，比其反也，則凍餒其妻子，則如之何？王曰：棄之。
曰：士師不能治士，則如之何？王曰：已之。曰：四境之
內不治，則如之何？王顧左右而言他。

孟子之平陸，謂其大夫曰：子之持戟之士，一日而
失伍，則去之否乎？曰：不待三。然則子之失伍也亦多
矣。凶年饑歲，子之民老羸轉於溝壑，壯者散而之四
方者幾千人矣。曰：此非距心之所得為也。曰：今有受
人之牛羊而為之牧之者，則必為之求牧與芻矣。求
牧與芻而不得，則反諸其人乎？抑亦立而視其死與？
曰：此則距心之罪也。他日，見於王曰：王之為都者臣
知五人焉。知其罪者，惟孔距心。為王誦之。王曰：此則
寡人之罪也。

孟子見齊宣王曰：所謂故國者，非謂有喬木之謂也，
有世臣之謂也。王無親臣矣，昔者所進，今日不知其
亡也。王曰：吾何以識其不才而舍之？曰：國君進賢，如

不得已，將使卑踰尊，疏踰戚，可不慎與？左右皆曰賢，
未可也；諸大夫皆曰賢，未可也；國人皆曰賢，然後察
之；見賢焉，然後用之。左右皆曰不可，勿聽；諸大夫皆

左右皆曰賢，未可也；諸大夫皆曰賢，未可也；國人皆曰賢，然後察之；見賢焉，然後用之。左右皆曰不可，勿聽；諸大夫皆曰不可，勿聽；國人皆曰不可，然後察之；見不可焉，然後去之。左右皆曰可殺，勿聽；諸大夫皆曰可殺，勿聽；國人皆曰可殺，然後察之；見可殺焉，然後殺之。故曰，國人殺之也。如此，然後可以為民父母。

齊宣王問曰：「湯放桀，武王伐紂，有諸？」孟子對曰：「於傳有之。」曰：「臣弒其君可乎？」曰：「賊仁者謂之賊，賊義者謂之殘，殘賊之人謂之一夫。聞誅一夫紂矣，未聞弒君也。」

孟子見齊宣王曰：「為巨室，則必使工師求大木。工師得大木，則王喜，以為能勝其任也。匠人斲而小之，則王怒，以為不勝其任矣。夫人幼而學之，壯而欲行之，王曰『姑舍女所學而從我』，則何如？今有璞玉於此，雖萬鎰，必使玉人彫琢之。至於治國家，則曰『姑舍女所學而從我』，則何以異於教玉人彫琢玉哉？」

三五

三四

曰不可勿聽國人皆曰不可然後察之見不可焉然
後去之左右皆曰可殺勿聽諸大夫皆曰可殺勿聽
國人皆曰可殺然後察之見可殺焉然後殺之故曰
國人殺之也如此然後可以為民父母

沈同以其私問曰燕可伐與孟子曰可子噲不得與
人燕子之不得受燕於子噲有仕於此而子悅之不
告於王而私與吾子之祿爵夫士也亦無王命而
私受之於子則可乎何以異於是齊人伐燕或問曰
勸齊伐燕有諸曰未也沈同問燕可伐與吾應之曰
可彼然而伐之也彼如曰孰可以伐之則將應之曰

為天吏則可以伐之今有殺人者或問之曰人可殺
則將應之曰可彼如曰孰可以殺之則將應之曰
為士師則可以殺之今以燕伐燕何為勸之哉

齊人伐燕勝之宣王問曰或謂寡人勿取或謂寡人
取之以萬乘之國伐萬乘之國五旬而舉之人力不
至於此不取必有天殃取之何如孟子對曰取之而
燕民悅則取之古之人有行之者武王是也取之而
燕民不悅則勿取古之人有行之者文王是也以萬
乘之國伐萬乘之國簞食壺漿以迎王師豈有他哉
避水火也如水益深如火益熱亦運而已矣

齊人伐燕，勝之。宣王問曰：「或謂寡人勿取，或謂寡人取之。以萬乘之國伐萬乘之國，五旬而舉之，人力不至於此。不取，必有天殃。取之，何如？」

孟子對曰：「取之而燕民悅，則取之。古之人有行之者，武王是也。取之而燕民不悅，則勿取。古之人有行之者，文王是也。以萬乘之國伐萬乘之國，簞食壺漿以迎王師，豈有他哉？避水火也。如水益深，如火益熱，亦運而已矣。」

齊人伐燕，取之。諸侯將謀救燕。宣王曰：「諸侯多謀伐寡人者，何以待之？」

孟子對曰：「臣聞七十里為政於天下者，湯是也。未聞以千里畏人者也。書曰：『湯一征，自葛始。』天下信之。東面而征，西夷怨；南面而征，北狄怨。曰：『奚為後我？』民望之，若大旱之望雲霓也。歸市者不止，耕者不變，誅其君而弔其民，若時雨降。民大悅。書曰：『徯我后，后來其蘇。』今燕虐其民，王往而征之，民以為將拯己於水火之中也，簞食壺漿以迎王師。若殺其父兄，係累其子弟，毀其宗廟，遷其重器，如之何其可也？天下固畏齊之彊也，今又倍地而不行仁政，是動天下之兵也。

齊人伐燕取之諸侯將謀救燕宣王曰諸侯多謀伐
寡人者何以待之孟子對曰臣聞七十里爲政於天
下者湯是也未聞以千里畏人者也書曰湯一征自
葛始天下信之東面而征西夷怨南面而征北狄怨
曰奚爲後我民望之若大旱之望雲霓也歸市者不
止耕者不變誅其君而弔其民若時雨降民大悅書
曰徯我后后來其蘇今燕虐其民王往而征之民以
爲將拯己於水火之中也簞食壺漿以迎王師若殺
其父兄係累其子弟毀其宗廟遷其重器如之何其
可也天下固畏齊之彊也今又倍地而不行仁政是
動天下之兵也王速出令反其旄倪止其重器謀於
燕眾置君而後去之則猶可及止也

鄒與魯鬨穆公問曰吾有司死者三十三人而民莫
之死也誅之則不可勝誅不誅則疾視其長上之死
而不救如之何則可也孟子對曰凶年饑歲君之民
老弱轉乎溝壑壯者散而之四方者幾千人矣而君
之倉廩實府庫充有司莫以告是上慢而殘下也曾
子曰戒之戒之出乎爾者反乎爾者也夫民今而後
得反之也君無尤焉君行仁政斯民親其上死其長
矣

萬章問曰宋小國也今將行仁政齊楚惡而伐之則

如之何孟子曰湯居亳與葛為鄰葛伯放而不祀湯

使人問之曰何為不祀曰無以供犧牲也湯使遺之

牛羊葛伯食之又不以祀湯又使人問之曰何為不

祀曰無以供粢盛也湯使亳眾往為之耕老弱饋食

葛伯率其民要其有酒食黍稻者奪之不授者殺之

有童子以黍肉餉殺而奪之書曰葛伯仇餉此之謂

也其殺是童子而征之四海之內皆曰非富天下

也為匹夫匹婦復讎也湯始征自葛載十一征而無

敵於天下東面而征西夷怨南面而征北狄怨曰奚

為後我民之望之若大旱之望雨也歸市者弗止芸

者不變誅其君弔其民如時雨降民大悅書曰徯我

后后來其無罰有攸不惟臣東征綏厥士女篚厥玄

黃紹我周王見休惟臣附于大邑周其君子實玄黃

于篚以迎其君子其小人簞食壺漿以迎其小人救

民於水火之中取其殘而已矣泰誓曰我武惟揚侵

于之疆則取于殘殺伐用張于湯有光不行王政云

爾苟行王政四海之內皆舉首而望之欲以為君齊

楚雖大何畏焉

滕文公問曰滕小國也閒於齊楚事齊乎事楚乎孟

萬章問曰：「宋，小國也，今將行王政，齊楚惡而伐之，則如之何？」

孟子曰：「湯居亳，與葛為鄰，葛伯放而不祀。湯使人問之曰：『何為不祀？』曰：『無以供犧牲也。』湯使遺之牛羊。葛伯食之，又不以祀。湯又使人問之曰：『何為不祀？』曰：『無以供粢盛也。』湯使亳眾往為之耕，老弱饋食。葛伯率其民，要其有酒食黍稻者奪之，不授者殺之。有童子以黍肉餉，殺而奪之。《書》曰：『葛伯仇餉。』此之謂也。

為其殺是童子而征之，四海之內皆曰：『非富天下也，為匹夫匹婦復讎也。』『湯始征，自葛載』，十一征而無敵於天下。東面而征，西夷怨；南面而征，北狄怨，曰：『奚為後我？』民之望之，若大旱之望雨也。歸市者弗止，芸者不變，誅其君，弔其民，如時雨降，民大悅。《書》曰：『徯我后，后來其蘇。』

子對曰是謀非吾所能及也無已則有一焉鑿斯池
也築斯城也與民守之効死而民弗去則是可爲也
滕文公問曰齊人將築薛吾甚恐如之何則可孟子
對曰昔者大王居邠狄人侵之去之岐山之下居焉
非擇而取之不得已也苟爲善後世子孫必有王者
矣君子創業垂統爲可繼也若夫成功則天也君如
彼何哉强爲善而已矣。
滕文公問曰滕小國也竭力以事大國則不得免焉
如之何則可孟子對曰昔者大王居邠狄人侵之事
之以皮幣不得免焉事之以犬馬不得免焉事之以

珠玉不得免焉乃屬其耆老而告之曰狄人之所欲
者吾土地也吾聞之也君子不以其所以養人者害
人二三子何患乎無君我將去之去邠踰梁山邑于
岐山之下居焉邠人曰仁人也不可失也從之者如
歸市或曰世守也非身之所能爲也効死勿去君請
擇於斯二者。

孟子見梁惠王王曰叟不遠千里而來亦將有以利

吾國乎孟子對曰王何必曰利亦有仁義而已矣王

曰何以利吾國大夫曰何以利吾家士庶人曰何以

利吾身上下交征利而國危矣萬乘之國弑其君者

必千乘之家千乘之國弑其君者必百乘之家萬取

千焉千取百焉不為不多矣苟為後義而先利不奪

不饜未有仁而遺其親者也未有義而後其君者也

王亦曰仁義而已矣何必曰利

宋牼將之楚孟子遇於石丘曰先生將何之曰吾聞

秦楚搆兵我將見楚王說而罷之楚王不悅我將見

秦王說而罷之二王我將有所遇焉曰軻也請無問

其詳願聞其指說之將何如曰我將言其不利也曰

先生之志則大矣先生之號則不可先生以利說秦

楚之王秦楚之王悅於利以罷三軍之師是三軍之

士樂罷而悅於利也為人臣者懷利以事其君為人

子者懷利以事其父為人弟者懷利以事其兄是君

臣父子兄弟終去仁義懷利以相接然而不亡者未

之有也先生以仁義說秦楚之王秦楚之王悅於仁

義以罷三軍之師是三軍之士樂罷而悅於仁義也

三十九

宋牼將之楚，孟子遇於石丘，曰：「先生將何之？」曰：「吾聞秦楚構兵，我將見楚王說而罷之。楚王不悅，我將見秦王說而罷之。二王我將有所遇焉。」曰：「軻也請無問其詳，願聞其指。說之將何如？」曰：「我將言其不利也。」曰：「先生之志則大矣，先生之號則不可。先生以利說秦楚之王，秦楚之王悅於利以罷三軍之師，是三軍之士樂罷而悅於利也。為人臣者懷利以事其君，為人子者懷利以事其父，為人弟者懷利以事其兄，是君臣父子兄弟終去仁義，懷利以相接，然而不亡者，未之有也。先生以仁義說秦楚之王，秦楚之王悅於仁義而罷三軍之師，是三軍之士樂罷而悅於仁義也。為人臣者懷仁義以事其君，為人子者懷仁義以事其父，為人弟者懷仁義以事其兄，是君臣父子兄弟去利，懷仁義以相接也，然而不王者，未之有也。何必曰利？」

孟子見梁惠王。王曰：「叟！不遠千里而來，亦將有以利吾國乎？」孟子對曰：「王何必曰利？亦有仁義而已矣。王曰『何以利吾國』，大夫曰『何以利吾家』，士庶人曰『何以利吾身』，上下交征利而國危矣。萬乘之國弒其君者，必千乘之家；千乘之國弒其君者，必百乘之家。萬取千焉，千取百焉，不為不多矣。苟為後義而先利，不奪不饜。未有仁而遺其親者也，未有義而後其君者也。王亦曰仁義而已矣，何必曰利？」

爲人臣者懷仁義以事其君爲人子者懷仁義以事
其父爲人弟者懷仁義以事其兄是君臣父子兄弟
去利懷仁義以相接也然而不王者未之有也何必
曰利

公孫丑問曰夫子當路於齊管仲晏子之功可復許
乎孟子曰子誠齊人也知管仲晏子而已矣或問乎
曾西曰吾子與子路孰賢曾西艴然曰吾先子之所
畏也曰然則吾子與管仲孰賢曾西艴然不悅曰爾
何曾比予於管仲管仲得君如彼其專也行乎國政
如彼其久也功烈如彼其卑也爾何曾比予於是曰
管仲曾西之所不爲也而子爲我願之乎曰管仲以
其君霸晏子以其君顯管仲晏子猶不足爲與曰以
齊王由反手也曰若是則弟子之惑滋甚且以文王
之德百年而後崩猶未洽於天下武王周公繼之然
後大行今言王若易然則文王不足法與曰文王何
可當也由湯至於武丁賢聖之君六七作天下歸殷
久矣久則難變也武丁朝諸侯有天下猶運之掌也
紂之去武丁未久也其故家遺俗流風善政猶有存
者又有微子微仲王子比干箕子膠鬲皆賢人也相
與輔相之故久而後失之也尺地莫非其有也一民

莫非其臣也然而文王猶方百里起是以難也齊人有言曰雖有智慧不如乘勢雖有鎡基不如待時今時則易然也夏后殷周之盛地未有過千里者也而齊齊有其地矣雞鳴狗吠相聞而達乎四境而齊有其民矣地不改辟矣民不改聚矣行仁政而王莫之能禦也且王者之不作未有疏於此時者也民之憔悴於虐政未有甚於此時者也飢者易為食渴者易為飲孔子曰德之流行速於置郵而傳命當今之時萬乘之國行仁政民之悅之猶解倒懸也故事半古之人功必倍之惟此時為然。

孟子曰堯舜性之也湯武身之也五霸假之也久假而不歸惡知其非有也。

孟子曰以力假仁者霸霸必有大國以德行仁者王王不待大湯以七十里文王以百里以力服人者非心服也力不贍也以德服人者中心悅而誠服也如七十子之服孔子也詩云自西自東自南自北無思不服此之謂也。

孟子曰霸者之民驩虞如也王者之民皞皞如也殺之而不怨利之而不庸民日遷善而不知為之者夫君子所過者化所存者神上下與天地同流豈曰小

孟子曰：以力假仁者霸，霸必有大國；以德行仁者王，王不待大。湯以七十里，文王以百里。以力服人者，非心服也，力不贍也；以德服人者，中心悅而誠服也，如七十子之服孔子也。

不忍人之心也。

不忍其觳觫，若無罪而就死地。以羊易之，是乃仁術也。

王不忍其觳觫，若無罪而就死地。

人心必自善之乃善。

乘輿行道，見之不忍其死，故當今之世，萬乘之國行仁政，民之悅之，猶解倒懸也。

養其大者為大人，養其小者為小人。

王者之民，皞皞如也；殺之而不怨，利之而不庸，民日遷善而不知為之者。

文王視民如傷，望道而未之見。

補之哉。

任人有問屋廬子曰禮與食孰重。曰禮重。曰以色與禮孰
重。曰禮重。曰以禮食則飢而死不以禮食則得食必
以禮乎。親迎則不得妻不親迎則得妻必親迎乎。屋
盧子不能對。明日之鄒以告孟子。孟子曰於答是也
何有不揣其本而齊其末方寸之木可使高於岑樓。
金重於羽者豈謂一鉤金與一輿羽之謂哉取食之
重者與禮之輕者而比之奚翅食重。取色之重者與
禮之輕者而比之奚翅色重往應之曰紾兄之臂而
奪之食則得食不紾則不得食則將紾之乎踰東家

牆而摟其處子則得妻不摟則不得妻則將摟之乎。
孟子曰雞鳴而起孳孳為善者舜之徒也雞鳴而起
孳孳為利者跖之徒也欲知舜與跖之分無他利與
善之間也。

孟子曰人皆有不忍人之心先王有不忍人之心斯

有不忍人之政矣以不忍人之心行不忍人之政治

天下可運之掌上所以謂人皆有不忍人之心者今

人乍見孺子將入於井皆有怵惕惻隱之心非所以

納交於孺子之父母也非所以要譽於鄉黨朋友也

非惡其聲而然也由是觀之無惻隱之心非人也無

羞惡之心非人也無辭讓之心非人也無是非之心

非人也惻隱之心仁之端也羞惡之心義之端也辭

讓之心禮之端也是非之心智之端也人之有是四

端也猶其有四體也有是四端而自謂不能者自賊

者也謂其君不能者賊其君者也凡有四端於我者

知皆擴而充之矣若火之始然泉之始達苟能充之

足以保四海苟不充之不足以事父母。

孟子曰君仁莫不仁君義莫不義。

孟子曰人不足與適也政不足與閒也惟大人為能

格君心之非君仁莫不仁君義莫不義君正莫不正

一正君而國定矣。

孟子曰離婁之明公輸子之巧不以規矩不能成方

員師曠之聰不以六律不能正五音堯舜之道不以

孟子曰、人皆有不忍人之心。

先王有不忍人之心、斯有不忍人之政矣。以不忍人之心、行不忍人之政、治天下可運之掌上。

所以謂人皆有不忍人之心者、今人乍見孺子將入於井、皆有怵惕惻隱之心。非所以內交於孺子之父母也、非所以要譽於鄉黨朋友也、非惡其聲而然也。

由是觀之、無惻隱之心、非人也。無羞惡之心、非人也。無辭讓之心、非人也。無是非之心、非人也。

惻隱之心、仁之端也。羞惡之心、義之端也。辭讓之心、禮之端也。是非之心、智之端也。

人之有是四端也、猶其有四體也。有是四端而自謂不能者、自賊者也。謂其君不能者、賊其君者也。

凡有四端於我者、知皆擴而充之矣、若火之始然、泉之始達。

苟能充之、足以保四海。苟不充之、不足以事父母。

四十四

仁政不能平治天下今有仁心仁聞而民不被其澤

不可法於後世者不行先王之道也故曰徒善不足

以為政徒法不能以自行詩云不愆不忘率由舊章

遵先王之法而過者未之有也謂人既竭目力焉繼

之以規矩準繩以為方員平直不可勝用也既竭耳

力焉繼之以六律正五音不可勝用也既竭心思焉

繼之以不忍人之政而仁覆天下矣故曰為高必因

丘陵為下必因川澤為政不因先王之道可謂智乎

是以惟仁者宜在高位不仁而在高位是播其惡於

眾也上無道揆也下無法守也朝不信道工不信度

君子犯義小人犯刑國之所存者幸也故曰城郭不

完兵甲不多非國之災也田野不辟貨財不聚非國

之害也上無禮下無學賊民興喪無日矣詩曰天之

方蹶無然泄泄泄泄猶沓沓也事君無義進退無禮

言則非先王之道者猶沓沓也故曰責難於君謂之

恭陳善閉邪謂之敬吾君不能謂之賊

孟子曰規矩方員之至也聖人人倫之至也欲為君

盡君道欲為臣盡臣道二者皆法堯舜而已不以

舜之所以事堯事君不敬其君者也不以堯之所以

治民治民賊其民者也孔子曰道二仁與不仁而已

矣。暴其民甚則身弑國亡。不甚則身危國削。名之曰

幽厲雖孝子慈孫百世不能改也。詩云。殷鑒不遠在

夏后之世。此之謂也。

孟子曰。三代之得天下也以仁。其失天下也以不仁。

國之所以廢興存亡者亦然。天子不仁不保四海。

諸侯不仁不保社稷。卿大夫不仁不保宗廟。士庶人

不仁不保四體。今惡死亡而樂不仁。是猶惡醉而強

酒。

孟子曰。仁則榮。不仁則辱。今惡辱而居不仁。是猶惡

溼而居下也。如惡之莫如貴德而尊士。賢者在位能

孟子十篇讀

仁政第五上

四十五

者在職。國家閒暇。及是時明其政刑。雖大國必畏之

矣。詩云。迨天之未陰雨。徹彼桑土綢繆牖戶。今此下

民或敢侮予。孔子曰。為此詩者其知道乎。能治其國

家。誰敢侮之。今國家閒暇。及是時般樂怠敖。是自求

禍也。禍福無不自己求之者。詩云。永言配命。自求多

福。太甲曰。天作孽猶可違。自作孽不可活。此之謂也。

孟子曰。天下有道。小德役大德。小賢役大賢。天下無

道。小役大。弱役強。斯二者天也。順天者存逆天者亡。

齊景公曰。既不能令。又不受命。是絕物也。涕出而女

於吳。今也。小國師大國而恥受命焉。是猶弟子而恥

受命於先師也如恥之莫若師文王師文王大國五
年小國七年必爲政於天下矣詩云商之孫子其麗
不億上帝既命侯于周服侯服于周天命靡常殷士
膚敏祼將于京孔子曰仁不可爲眾也夫國君好仁
天下無敵今也欲無敵於天下而不以仁是猶執熱
而不以濯也詩云誰能執熱逝不以濯

孟子曰桀紂之失天下也失其民也失其民者失其
心也得天下有道得其民斯得天下矣得其民有道
得其心斯得民矣得其心有道所欲與之聚之所惡
勿施爾也民之歸仁也猶水之就下獸之走壙也故
爲淵歐魚者獺也爲叢歐爵者鸇也爲湯武歐民者
桀與紂也今天下之君有好仁者則諸侯皆爲之歐
矣雖欲無王不可得已今之欲王者猶七年之病求
三年之艾也苟爲不畜終身不得苟不志於仁終身
憂辱以陷於死亡詩云其何能淑載胥及溺此之謂
也。

孟子曰不仁者可與言哉安其危而利其菑樂其所
以亡者不仁而可與言則何亡國敗家之有孺子
歌曰滄浪之水清兮可以濯我纓滄浪之水濁兮可
以濯我足孔子曰小子聽之清斯濯纓濁斯濯足矣

四十六

以爲正長非以其行淑且智故任之重任之大
撓曰命之以禹之水潦令曰以命共飤食頃之水潦至而

以爲正長天下必得信使之自爲正長者非以其賢且智
也亦以民之治者天下之百姓皆以其僞也

以爲正長既已爲之治矣又將以其賢且智爲之正長
也然則民之所以爲治者何也以其上之令

天下之百姓皆以其上之是非爲是非
是故里長順天子政而一同其里之義

天下之百姓皆以此爲正長而一同天下之義
是故天下之亂若禽獸然

民之所以爲治者何也以其上之令而行之
天子唯能一同天下之義是以天下治也

不可不敬王命之以天下之重任而不敢不
敬故受命於天而爲天子其若稍王之德

受命於天將以爲天子文王武王文王大國正

自取之也夫人必自侮然後人侮之家必自毀而後

人毀之國必自伐而後人伐之太甲曰天作孽猶可

違自作孽不可活此之謂也

孟子曰仁言不如仁聲之入人深也善政不如善教

之得民也善政民畏之善教民愛之善政得民財善

教得民心

孟子曰不仁而得國者有之矣不仁而得天下者未

之有也

孟子曰愛人不親反其仁治人不治反其智禮人不

答反其敬行有不得者皆反求諸己其身正而天下

歸之詩云永言配命自求多福

孟子曰道在邇而求諸遠事在易而求諸難人人親

其親長其長而天下平

孟子曰以善服人者未有能服人者也以善養人然

後能服天下天下不心服而王者未之有也

孟子曰人有恆言皆曰天下國家天下之本在國國

之本在家家之本在身

孟子曰居下位而不獲於上民不可得而治也獲於

上有道不信於友弗獲於上矣信於友有道事親弗

悅弗信於友矣悅親有道反身不誠不悅於親矣誠

孟子曰：「居下位而不獲於上，民不可得而治也。獲於上有道：不信於友，弗獲於上矣；信於友有道：事親弗悅，弗信於友矣；悅親有道：反身不誠，不悅於親矣；誠身有道：不明乎善，不誠其身矣。是故誠者，天之道也；思誠者，人之道也。至誠而不動者，未之有也；不誠，未有能動者也。」

孟子曰：「伯夷辟紂，居北海之濱，聞文王作，興曰：『盍歸乎來！吾聞西伯善養老者。』太公辟紂，居東海之濱，聞文王作，興曰：『盍歸乎來！吾聞西伯善養老者。』二老者，天下之大老也，而歸之，是天下之父歸之也。天下之父歸之，其子焉往？諸侯有行文王之政者，七年之內，必為政於天下矣。」

孟子曰：「求也為季氏宰，無能改於其德，而賦粟倍他日。孔子曰：『求非我徒也，小子鳴鼓而攻之可也。』由此觀之，君不行仁政而富之，皆棄於孔子者也。況於為之強戰？爭地以戰，殺人盈野；爭城以戰，殺人盈城，此所謂率土地而食人肉，罪不容於死。故善戰者服上刑，連諸侯者次之，辟草萊、任土地者次之。」

孟子曰：「存乎人者，莫良於眸子。眸子不能掩其惡。胸中正，則眸子瞭焉；胸中不正，則眸子眊焉。聽其言也，觀其眸子，人焉廋哉？」

身有道不明乎善不誠其身矣是故誠者天之道也
思誠者人之道也至誠而不動者未之有也不誠未
有能動者也。

仁政第五下

梁惠王曰寡人之於國也盡心焉耳矣河內凶則移
其民於河東移其粟於河內河東凶亦然察鄰國之
政無如寡人之用心者鄰國之民不加少寡人之民
不加多何也孟子對曰王好戰請以戰喻填然鼓之
兵刃既接棄甲曳兵而走或百步而後止或五十步
而後止以五十步笑百步則何如曰不可直不百步
耳是亦走也曰王如知此則無望民之多於鄰國也。
不違農時穀不可勝食也數罟不入洿池魚鼈不可
勝食也斧斤以時入山林材木不可勝用也穀與魚
鼈不可勝食材木不可勝用是使民養生喪死無憾
也養生喪死無憾王道之始也五畝之宅樹之以桑
五十者可以衣帛矣雞豚狗彘之畜無失其時七十
者可以食肉矣百畝之田勿奪其時數口之家可以
無饑矣謹庠序之教申之以孝悌之義頒白者不負
戴於道路矣七十者衣帛食肉黎民不饑不寒然而
不王者未之有也狗彘食人食而不知檢塗有餓莩

五畝之宅，樹之以桑，五十者可以衣帛矣。雞豚狗彘之畜，無失其時，七十者可以食肉矣。百畝之田，勿奪其時，數口之家可以無飢矣。謹庠序之教，申之以孝悌之義，頒白者不負戴於道路矣。七十者衣帛食肉，黎民不飢不寒，然而不王者，未之有也。

狗彘食人食而不知檢，塗有餓莩而不知發。人死，則曰：非我也，歲也。是何異於刺人而殺之，曰：非我也，兵也。王無罪歲，斯天下之民至焉。

而不知發人死則曰非我也歲也是何異於刺人而
殺之曰非我也兵也王無罪歲斯天下之民至焉
齊宣王問曰齊桓晉文之事可得聞乎孟子對曰仲
尼之徒無道桓文之事者是以後世無傳焉臣未之
聞也無以則王乎曰德何如則可以王矣曰保民而
王莫之能禦也曰若寡人者可以保民乎哉曰可
何由知吾可也曰臣聞之胡齕曰王坐於堂上有牽
牛而過堂下者王見之曰牛何之對曰將以釁鍾王
曰舍之吾不忍其觳觫若無罪而就死地對曰然則
廢釁鍾與曰何可廢也以羊易之不識有諸曰有之

曰是心足以王矣百姓皆以王為愛也臣固知王之
不忍也王曰然誠有百姓者齊國雖褊小吾何愛一
牛即不忍其觳觫若無罪而就死地故以羊易之也
曰王無異於百姓之以王為愛也以小易大彼惡知
之王若隱其無罪而就死地則牛羊何擇焉王笑曰
是誠何心哉我非愛其財而易之以羊也宜乎百姓

之謂我愛也曰無傷也是乃仁術也見牛未見羊也
君子之於禽獸也見其生不忍見其死聞其聲不忍
食其肉是以君子遠庖廚也王說曰詩云他人有心
子忖度之夫子之謂也夫我乃行之反而求之不得

曰：「無傷也，是乃仁術也，見牛未見羊也。君子之於禽獸也，見其生，不忍見其死；聞其聲，不忍食其肉。是以君子遠庖廚也。」

王說，曰：「詩云：『他人有心，予忖度之。』夫子之謂也。夫我乃行之，反而求之，不得吾心；夫子言之，於我心有戚戚焉。此心之所以合於王者，何也？」

曰：「有復於王者曰：『吾力足以舉百鈞，而不足以舉一羽；明足以察秋毫之末，而不見輿薪。』則王許之乎？」

曰：「否。」

「今恩足以及禽獸，而功不至於百姓者，獨何與？然則一羽之不舉，為不用力焉；輿薪之不見，為不用明焉；百姓之不見保，為不用恩焉。故王之不王，不為也，非不能也。」

曰：「不為者與不能者之形，何以異？」

曰：「挾太山以超北海，語人曰『我不能』，是誠不能也。為長者折枝，語人曰『我不能』，是不為也，非不能也。故王之不王，非挾太山以超北海之類也；王之不王，是折枝之類也。」

吾心夫子言之於我心有戚戚焉此心之所以合於

王者何也曰有復於王者曰吾力足以舉百鈞而不

足以舉一羽明足以察秋毫之末而不見輿薪則王

許之乎曰否今恩足以及禽獸而功不至於百姓者

獨何與然則一羽之不舉為不用力焉輿薪之不見

為不用明焉百姓之不見保為不用恩焉故王之不

王不為也非不能也曰不為者與不能者之形何以

異曰挾太山以超北海語人曰我不能是誠不能也

為長者折枝語人曰我不能是不為也非不能也故

王之不王非挾太山以超北海之類也王之不王是

折枝之類也老吾老以及人之老幼吾幼以及人之

天下可運於掌詩云刑于寡妻至于兄弟以御于

家邦言舉斯心加諸彼而已故推恩足以保四海不

推恩無以保妻子古之人所以大過人者無他焉善

推其所為而已矣今恩足以及禽獸而功不至於百

姓者獨何與權然後知輕重度然後知長短物皆然

心為甚王請度之抑王興甲兵危士臣構怨於諸侯

然後快於心與王曰否吾何快於是將以求吾所大

欲也曰王之所大欲可得聞與王笑而不言曰為肥

甘不足於口與輕煖不足於體與抑為采色不足視

曰、無傷也、是乃仁術也、見牛未見羊也。君子之於禽獸也、見其生、不忍見其死、聞其聲、不忍食其肉、是以君子遠庖廚也。王說曰、詩云、他人有心、予忖度之、夫子之謂也。夫我乃行之、反而求之、不得吾心。夫子言之、於我心有戚戚焉。此心之所以合於王者、何也。曰、有復於王者曰、吾力足以舉百鈞、而不足以舉一羽、明足以察秋毫之末、而不見輿薪、則王許之乎。曰、否。今恩足以及禽獸、而功不至於百姓者、獨何與。然則一羽之不舉、為不用力焉、輿薪之不見、為不用明焉、百姓之不見保、為不用恩焉。故王之不王、不為也、非不能也。

曰、不為者與不能者之形、何以異。曰、挾太山以超北海、語人曰、我不能、是誠不能也。為長者折枝、語人曰、我不能、是不為也、非不能也。故王之不王、非挾太山以超北海之類也、王之不王、是折枝之類也。老吾老、以及人之老、幼吾幼、以及人之幼、天下可運於掌。詩云、刑于寡妻、至于兄弟、以御于家邦。言舉斯心加諸彼而已。故推恩足以保四海、不推恩無以保妻子。古之人所以大過人者無他焉、善推其所為而已矣。

於目與聲音不足聽於耳與便嬖不足使令於前與
王之諸臣皆足以供之而王豈為是哉曰否吾不為
是也曰然則王之所大欲可知已欲辟土地朝秦楚
莅中國而撫四夷也以若所為求若所欲猶緣木而
求魚也王曰若是其甚與曰殆有甚焉緣木求魚雖
不得魚無後災以若所為求若所欲盡心力而為之
後必有災曰可得聞與曰鄒人與楚人戰則王以為
孰勝曰楚人勝曰然則小固不可以敵大寡固不可
以敵眾弱固不可以敵強海內之地方千里者九齊
集有其一以一服八何以異於鄒敵楚哉蓋亦反其

孟子十篇讀
仁政第五下

五十二

本矣今王發政施仁使天下仕者皆欲立於王之朝
耕者皆欲耕於王之野商賈皆欲藏於王之市行旅
皆欲出於王之塗天下之欲疾其君者皆欲赴愬於
王其若是孰能禦之王曰吾惽不能進於是矣願夫
子輔吾志明以教我我雖不敏請嘗試之曰無恆產
而有恆心者惟士為能若民則無恆產因無恆心苟
無恆心放僻邪侈無不為已及陷於罪然後從而刑
之是罔民也焉有仁人在位罔民而可為也是故明
君制民之產必使仰足以事父母俯足以畜妻子樂
歲終身飽凶年免於死亡然後驅而之善故民之從

之也輕。今也制民之產仰不足以事父母俯不足以
畜妻子。樂歲終身苦凶年不免於死亡此惟救死而
恐不贍奚暇治禮義哉王欲行之則盍反其本矣五
畝之宅樹之以桑五十者可以衣帛矣雞豚狗彘之
畜無失其時七十者可以食肉矣百畝之田勿奪其
時八口之家可以無饑矣謹庠序之教申之以孝悌
之義頒白者不負戴於道路矣老者衣帛食肉黎民
不饑不寒然而不王者未之有也。

滕文公問爲國孟子曰民事不可緩也詩云晝爾于
茅宵爾索綯亟其乘屋其始播百穀民之爲道也有
恆產者有恆心無恆產者無恆心苟無恆心放僻邪
侈無不爲已及陷乎罪然後從而刑之是罔民也焉
有仁人在位罔民而可爲也是故賢君必恭儉禮下
取於民有制陽虎曰爲富不仁矣爲仁不富矣夏后
氏五十而貢殷人七十而助周人百畝而徹其實皆
什一也。徹者徹也助者藉也龍子曰治地莫善於助
莫不善於貢貢者校數歲之中以爲常樂歲粒米狼
戾多取之而不爲虐則寡取之凶年糞其田而不足
則必盈焉爲民父母使民盻盻然將終歲勤動不
得以養其父母又稱貸而益之使老稚轉乎溝壑惡

在其為民父母也夫世祿滕固行之矣詩云雨我公
田遂及我私惟助為有公田由此觀之雖周亦助也
設為庠序學校以教之庠者養也校者教也序者射
也夏曰校殷曰序周曰庠學則三代共之皆所以明
人倫也人倫明於上小民親於下有王者起必來取
法是為王者師也詩云周雖舊邦其命惟新文王之
謂也子力行之亦以新子之國使畢戰問井地孟子
曰子之君將行仁政選擇而使子子必勉之夫仁政
必自經界始經界不正井地不均穀祿不平是故暴
君汙吏必慢其經界經界既正分田制祿可坐而定

也夫滕壤地褊小將為君子焉將為野人焉無君子
莫治野人無野人莫養君子請野九一而助國中什
一使自賦卿以下必有圭田圭田五十畝餘夫二十
五畝死徙無出鄉鄉田同井出入相友守望相助疾
病相扶持則百姓親睦方里而井井九百畝其中為
公田八家皆私百畝同養公田公事畢然後敢治私
事所以別野人也此其大略也若夫潤澤之則在君
與子矣。

北宮錡問曰周室班爵祿也如之何孟子曰其詳不
可得聞也諸侯惡其害已也而皆去其籍然而軻也

嘗聞其略也天子一位公一位侯一位伯一位子男

同一位凡五等也君一位卿一位大夫一位上士一

位中士一位下士一位凡六等天子之制地方千里

公侯皆方百里伯七十里子男五十里凡四等不能

五十里不達於天子附於諸侯曰附庸天子之卿受

地視侯大夫受地視伯元士受地視子男大國地方

百里君十卿祿四大夫大夫倍上士上士倍中士中

士倍下士下士與庶人在官者同祿祿足以代

其耕也次國地方七十里君十卿祿三大夫大

夫倍上士上士倍中士中士倍下士下士與庶人在

官者同祿祿足以代其耕也小國地方五十里君十

卿祿二大夫大夫倍上士上士倍中士中士倍

下士下士與庶人在官者同祿祿足以代其耕也耕

者之所獲一夫百畝百畝之糞上農夫食九人上次

食八人中食七人中次食六人下食五人庶人在官

者其祿以是為差。

孟子曰尊賢使能俊傑在位則天下之士皆悅而願

立於其朝矣市廛而不征法而不廛則天下之商皆

悅而願藏於其市矣關譏而不征則天下之旅皆悅

而願出於其路矣耕者助而不稅則天下之農皆悅

公一位，侯一位，伯一位，子、男同一位，凡五等也。君一位，卿一位，大夫一位，上士一位，中士一位，下士一位，凡六等。

天子之制，地方千里，公、侯皆方百里，伯七十里，子、男五十里，凡四等。不能五十里，不達於天子，附於諸侯，曰附庸。

天子之卿受地視侯，大夫受地視伯，元士受地視子、男。

大國地方百里，君十卿祿，卿祿四大夫，大夫倍上士，上士倍中士，中士倍下士，下士與庶人在官者同祿，祿足以代其耕也。

次國地方七十里，君十卿祿，卿祿三大夫，大夫倍上士，上士倍中士，中士倍下士，下士與庶人在官者同祿，祿足以代其耕也。

小國地方五十里，君十卿祿，卿祿二大夫，大夫倍上士，上士倍中士，中士倍下士，下士與庶人在官者同祿，祿足以代其耕也。

耕者之所獲，一夫百畝；百畝之糞，上農夫食九人，上次食八人，中食七人，中次食六人，下食五人。庶人在官者，其祿以是為差。

孟子謂萬章曰：一鄉之善士斯友一鄉之善士，一國之善士斯友一國之善士，天下之善士斯友天下之善士。以友天下之善士為未足，又尚論古之人。頌其詩，讀其書，不知其人可乎？是以論其世也。是尚友也。

而願耕於其野矣塵無夫里之布則天下之民皆悅
而願爲之氓矣信能行此五者則鄰國之民仰之若
父矣率其子弟攻其父母自生民以來未有能濟
者也如此則無敵於天下無敵於天下者天吏也然
而不王者未之有也。
孟子曰伯夷辟紂居北海之濱聞文王作興曰盍歸
乎來吾聞西伯善養老者太公辟紂居東海之濱聞
文王作興曰盍歸乎來吾聞西伯善養老者二老者
天下之大老也而歸之是天下之父歸之也天下之
父歸之其子焉往諸侯有行文王之政者七年之內

必爲政於天下矣。
孟子曰伯夷辟紂居北海之濱聞文王作興曰盍歸
乎來吾聞西伯善養老者太公辟紂居東海之濱聞
文王作興曰盍歸乎來吾聞西伯善養老者天下有
善養老則仁人以爲已歸矣五畝之宅樹牆下以桑
匹婦蠶之則老者足以衣帛矣五母雞二母彘無失
其時老者足以無失肉矣百畝之田匹夫耕之八口
之家足以無饑矣所謂西伯善養老者制其田里教
之樹畜導其妻子使養其老五十非帛不煖七十非
肉不飽不煖不飽謂之凍餒文王之民無凍餒之老

故善為君者，勞於論人，而佚於治官。不能為君者，傷形費神，愁心勞意，然國逾危，身逾辱。此六君者，非不重其國、愛其身也，以不知要故也。不知要者，所染不當也。

非獨國有染也，士亦有染。其友皆好仁義，淳謹畏令，則家日益，身日安，名日榮，處官得其理矣，則段干木、禽子、傅說之徒是也。其友皆好矜奮，創作比周，則家日損，身日危，名日辱，處官失其理矣，則子西、易牙、豎刁之徒是也。詩曰「必擇所堪，必謹所堪」者，此之謂也。

法儀第四

子墨子曰：天下從事者，不可以無法儀。無法儀而其事能成者，無有也。雖至士之為將相者皆有法，雖至百工從事者亦皆有法。百工為方以矩，為圓以規，直以繩，正以縣，平以水。無巧工不巧工，皆以此五者為法。巧者能中之，不巧者雖不能中，放依以從事，猶逾己。故百工從事，皆有法所度。今大者治天下，其次治大國，而無法所度，此不若百工，辯也。

然則奚以為治法而可？當皆法其父母奚若？天下之為父母者眾，而仁者寡，若皆法其父母，此法不仁也。法不仁不可以為法。

者此之謂也。

孟子曰易其田疇薄其稅斂民可使富也食之以時

用之以禮財不可勝用也民非水火不生活昏暮叩

人之門戶求水火無弗與者至足矣聖人治天下使

有菽粟如水火菽粟如水火而民焉有不仁者乎

孟子曰以佚道使民雖勞不怨以生道殺民雖死不

怨殺者。

孟子曰有布縷之征粟米之征力役之征君子用其

一緩其二用其二而民有殍用其三而父子離

孟子曰諸侯之寶三土地人民政事寶珠玉者殃必

及身。

孟子曰古之為關也將以禦暴今之為關也將以為

暴。

戴盈之曰什一去關市之征今茲未能請輕之以待

來年然後已何如孟子曰今有人日攘其鄰之雞者

或告之曰是非君子之道曰請損之月攘一雞以待

來年然後已如知其非義斯速已矣何待來年。

孟子曰言無實不祥不祥之實蔽賢者當之

孟子曰不信仁賢則國空虛無禮義則上下亂無政

事則財用不足。

魯欲使樂正子為政。孟子曰吾聞之喜而不寐。公孫

丑曰樂正子強乎。曰否。有知慮乎。曰否。多聞識乎。曰

否。然則奚為喜而不寐。曰其為人也好善。好善足乎。

曰好善優於天下。而況魯國乎。夫苟好善則四海之

內皆將輕千里而來告之以善。夫苟不好善則人將

曰訑訑予既已知之矣。訑訑之聲音顏色距人於千

里之外。士止於千里之外。則讒諂面諛之人至矣。與

讒諂面諛之人居。國欲治可得乎。

孟子謂戴不勝曰子欲子之王之善與。我明告子有

楚大夫於此。欲其子之齊語也。則使齊人傅諸使楚

孟子十篇讀
仁政第五下

五十七

人傅諸曰使齊人傅之。曰一齊人傅之。眾楚人咻之。

雖日撻而求其齊也。不可得矣。引而置之莊嶽之間

數年。雖日撻而求其楚。亦不可得矣。子謂薛居州善

士也。使之居於王所。在於王所者長幼卑尊皆薛居

州也。王誰與為不善。在王所者長幼卑尊皆非薛居

州也。王誰與為善。一薛居州獨如宋王何。

孟子謂齊宣王曰為巨室則必使工師求大木。工師

得大木則王喜以為能勝其任也。匠人斲而小之。則

王怒以為不勝其任矣。夫人幼而學之。壯而欲行之。

王曰姑舍汝所學而從我則何如。今有璞玉於此。雖

王曰故舍汝而從事於此業王於此據
王怒以為不愛其父兄夫人之心而道行之
君大木順子意以為賢其君非人道而謂小之
益於醫療官王曰賽耳室順必愛工而求大木工
此必順興為不善一賢居此醫職取來王同
此必順興為不善在王視善此非善皆非王同
士也興之居此順於王視此皆賢皆非王同
報日執而未其教非不可居於求午醫職此善
幾事報日執此賢人不可居亦在置之非様之問
人執順日執齊人執之日一齊人執之樂人種之

裝面執之人居國游於在為乎
盂午醫療不怒日午為之人執順執齊人執善順執教
裝大夫於此愛其午之賢也順執齊人執菊教
里之水士也然午里之水順諸面執之人至矣其
日醫療午里而來者善滋苗色順人執午
內皆執車午里而來者善夫人也執人執
日報普賢於天下而不知日平夫苦報善順人執
否然順笑為喜而不知日其為人也報普雖平
矍日樂五午為乎日否有既歌平日否於報善順平
矍於夾樂五午為夾菊午日普聞之喜而不報公職

萬鎰必使玉人雕琢之至於治國家則曰姑舍汝所

學而從我則何以異於教玉人雕琢玉哉

孟子曰不仁哉梁惠王也仁者以其所愛及其所不

愛不仁者以其所不愛及其所愛公孫丑問曰何謂

也梁惠王以土地之故糜爛其民而戰之大敗將復

之恐不能勝故驅其所愛子弟以殉之是之謂以其

所不愛及其所愛也

孟子曰春秋無義戰彼善於此則有之矣征者上伐

下也敵國不相征也

孟子曰盡信書則不如無書吾於武成取二三策而

已矣仁人無敵於天下以至仁伐至不仁而何其血

之流杵也

孟子曰有人曰我善為陳我善為戰大罪也國君好

仁天下無敵焉南面而征北狄怨東面而征西夷怨

曰奚為後我武王之伐殷也革車三百兩虎賁三千

人王曰無畏寧爾也非敵百姓也若崩厥角稽首征

之為言正也各欲正己也焉用戰

孟子曰求也為季氏宰無能改於其德而賦粟倍他

曰孔子曰求非我徒也小子鳴鼓而攻之可也由此

觀之君不行仁政而富之皆棄於孔子者也況於為

孟子見梁惠王。王曰：「叟！不遠千里而來，亦將有以利吾國乎？」

孟子對曰：「王何必曰利？亦有仁義而已矣。王曰『何以利吾國』？大夫曰『何以利吾家』？士庶人曰『何以利吾身』？上下交征利而國危矣。萬乘之國，弒其君者，必千乘之家；千乘之國，弒其君者，必百乘之家。萬取千焉，千取百焉，不為不多矣。苟為後義而先利，不奪不饜。未有仁而遺其親者也，未有義而後其君者也。王亦曰仁義而已矣，何必曰利？」

之強戰爭地以戰殺人盈野爭城以戰殺人盈城此

所謂率土地而食人肉罪不容於死故善戰者服上

刑連諸侯者次之辟草萊任土地者次之

魯欲使慎子為將軍孟子曰不教民而用之謂之殃

民殃民者不容於堯舜之世一戰勝齊遂有南陽然

且不可慎子勃然不悅曰此則滑釐所不識也曰吾

明告子天子之地方千里不千里不足以待諸侯諸

侯之地方百里不百里不足以守宗廟之典籍周公

之封於魯為方百里也地非不足而儉於百里太公

之封於齊也亦為方百里也地非不足也而儉於百

里今魯方百里者五子以為有王者作則魯在所損

平在所益乎徒取諸彼以與此然且仁者不為況於

殺人以求之乎君子之事君也務引其君以當道志

於仁而已

孟子曰今之事君者皆曰我能為君辟土地充府庫

今之所謂良臣古之所謂民賊也君不鄉道不志於

仁而求富之是富桀也我能為君約與國戰必克今

之所謂良臣古之所謂民賊也君不鄉道不志於仁

而求為之強戰是輔桀也自今之道無變今之俗雖

與之天下不能一朝居也

孟子曰。五霸者。三王之罪人也。今之諸侯五霸之罪
人也。今之大夫今之諸侯之罪人也。天子適諸侯曰
巡狩諸侯朝於天子曰述職春省耕而補不足秋省
斂而助不給入其疆土地辟田野治養老尊賢俊傑
在位。則有慶慶以地入其疆土地荒蕪遺老失賢掊
克在位則有讓一不朝則貶其爵再不朝則削其地
三不朝則六師移之是故天子討而不伐諸侯伐而
不討。五霸者摟諸侯以伐諸侯者也。故曰五霸者三
王之罪人也。五霸桓公為盛葵丘之會諸侯束牲載
書而不歃血初命曰誅不孝無易樹子無以妾為妻。

再命曰尊賢育才以彰有德三命曰敬老慈幼無忘
賓旅四命曰士無世官官事無攝取士必得無專殺
大夫。五命曰無曲防。無遏糴無有封而不告曰凡我
同盟之人既盟之後言歸于好今之諸侯皆犯此五
禁故曰今之諸侯五霸之罪人也長君之惡其罪小
逢君之惡其罪大今之大夫皆逢君之惡故曰今之
大夫今之諸侯之罪人也。

燕人畔王曰吾甚慚於孟子陳賈曰王無患焉王自
以為與周公孰仁且智王曰惡是何言也曰周公使
管叔監殷管叔以殷畔知而使之是不仁也素知而

管仲對曰智者設智愚者設力戰必不勝攻必不取

今魯與國公爭之國且舉正曰吾甚惡之謂曰聞公將

燕人輕主君曰吾甚惡紂公聞買曰主無患憂王自

大夫令之有之齒人之罪人也

劉臣皆之惡其罪大夫令之大夫謂淤借之惡借曰令之

禁故曰令之齒私正霸之罪人也君皆之惡其罪也

同盟之人鷄盟之齒齒千及令之齒借於此者正

大夫正命曰無曲地無斷國縣無貨桂而不書曰八非

實滅四命曰尊寶賓下之僚官二命曰莫奪爵祿無志

再命曰尊賢育才之僚官二命曰莫夸爵

售臣不施血流而命曰稽不率無長樹千無之妾為表

王之罪人也正霸時公爵盟荻正之會稽荻束梓練

不詰正霸者對於比之為借由送曰正霸者三

三不傳退六橋祿之墓英天下情面不齒借為面

京亥杜沮領省其借不傳退其此

亦杜沮領貪賢之此入其寶土地禁燕蒸吞夫寶莊

夜沮諸殺時其夫不料釣釋不保料省

八曲令之大夫令之齒借人也天下齒借徒曰

五午曰正霸者三王之罪人也令之齒借征霸之罪

使之是不智也仁智周公未之盡也而況於王乎賈
請見而解之見孟子問曰周公何人也曰古聖人也
曰使管叔監殷管叔以殷畔也有諸曰然曰周公知
其將畔而使之與曰不知也然則聖人且有過與曰
周公弟也管叔兄也周公之過不亦宜乎且古之君
子過則改之今之君子過則順之古之君子其過也
如日月之食民皆見之及其更也民皆仰之今之君
子豈徒順之又從爲之辭。
孟子曰恭者不侮人儉者不奪人侮奪人之君惟恐
不順焉惡得爲恭儉恭儉豈可以聲音笑貌爲哉。

孟子曰天下大悅而將歸已視天下悅而歸已猶草
芥也惟舜爲然不得乎親不可以爲人不順乎親不
可以爲子舜盡事親之道而瞽瞍底豫瞽瞍底豫而
天下化瞽瞍底豫而天下之爲父子者定此之謂大
孝。

萬章問曰舜往于田號泣于旻天何爲其號泣也孟
子曰怨慕也萬章曰父母愛之喜而不忘父母惡之
勞而不怨然則舜怨乎曰長息問於公明高曰舜往
于田則吾旣得聞命矣號泣于旻天于父母則吾不

孟子十篇讀
孝弟第六

六十二

知也公明高曰是非爾所知也夫公明高以孝子之
心爲不若是恝我竭力耕田共爲子職而已矣父母
之不我愛於我何哉帝使其子九男二女百官牛羊
倉廩備以事舜於畎畝之中天下之士多就之者帝
將胥天下而遷之焉爲不順於父母如窮人無所歸
天下之士悅之人之所欲也而不足以解憂好色人
人之所欲妻帝之二女而不足以解憂富人之所欲
富有天下而不足以解憂貴人之所欲貴爲天子而
不足以解憂人悅之好色富貴無足以解憂者惟順
於父母可以解憂人少則慕父母知好色則慕少艾

天下之士悅之，人之所欲也，而不足以解憂；好色，人之所欲，妻帝之二女，而不足以解憂；富，人之所欲，富有天下，而不足以解憂；貴，人之所欲，貴為天子，而不足以解憂。人悅之、好色、富貴，無足以解憂者，惟順於父母可以解憂。人少，則慕父母；知好色，則慕少艾；有妻子，則慕妻子；仕則慕君，不得於君則熱中。大孝終身慕父母。五十而慕者，予於大舜見之矣。

萬章問曰：「詩云：『娶妻如之何？必告父母。』信斯言也，宜莫如舜。舜之不告而娶，何也？」孟子曰：「告則不得娶。男女居室，人之大倫也。如告，則廢人之大倫以懟父母，是以不告也。」萬章曰：「舜之不告而娶，則吾既得聞命矣；帝之妻舜而不告，何也？」曰：「帝亦知告焉則不得妻也。」

孟子曰：「天下大悅而將歸己。視天下悅而歸己，猶草芥也，惟舜為然。不得乎親，不可以為人；不順乎親，不可以為子。」

孝經第六

有妻子則慕妻子仕則慕君不得於君則熱中大孝

終身慕父母五十而慕者予於大舜見之矣

桃應問曰舜為天子皋陶為士瞽瞍殺人則如之何

孟子曰執之而已矣然則舜不禁與曰夫舜惡得而

禁之夫有所受之也然則舜如之何曰舜視棄天下

猶棄敝蹝也竊負而逃遵海濱而處終身訢然樂而

忘天下。

而朝之舜見瞽瞍其容有蹙孔子曰於斯時也天下

子舜南面而立堯帥諸侯北面而朝之瞽瞍亦北面

咸丘蒙問曰語云盛德之士君不得而臣父不得而

殆哉岌岌乎不識此語誠然乎哉孟子曰否此非君

子之言齊東野人之語也堯老而舜攝也堯典曰二

十有八載放勳乃徂落百姓如喪考妣三年四海遏

密八音孔子曰天無二日民無二王舜既為天子矣

又帥天下諸侯以為堯三年喪是二天子矣咸丘蒙

曰舜之不臣堯則吾既得聞命矣詩云普天之下莫

非王土率土之濱莫非王臣而舜既為天子矣敢問

瞽瞍之非臣如何曰是詩也非是之謂也勞於王事

而不得養父母也曰此莫非王事我獨賢勞也故說

詩者不以文害辭不以辭害志以意逆志是為得之。

此所謂不以辭害用也。辭者不以文害辭，

而不以書害⋯⋯父母曰當日⋯⋯莫非半王⋯⋯

⋯⋯之非命也⋯⋯莫非王土率土之⋯⋯王事

⋯⋯士本土之⋯⋯莫非王⋯⋯我獨天下⋯⋯同

日此之不同⋯⋯若是則⋯⋯命言⋯⋯天下之⋯⋯

又將天下⋯⋯為尊三年⋯⋯二天下⋯⋯王事

⋯⋯首於日大無二日⋯⋯王無二天下⋯⋯

十百人⋯⋯五卷百世⋯⋯三中⋯⋯天下也

二之⋯⋯東里人之言⋯⋯孟午日⋯⋯

各謂是家平不⋯⋯孟午日⋯⋯非⋯⋯

　　　　　　　　　　　卷第三
　　　　　　　　　尚同下第十三

而將之事長其容言⋯⋯午日祺祖⋯⋯天下

干戈南面而立⋯⋯北面而賢之⋯⋯北面

既立⋯⋯問日⋯⋯之⋯⋯十皆不⋯⋯父不⋯⋯

忘天下。

⋯⋯棄姻⋯⋯負而敗其⋯⋯良福⋯⋯樂而

禁之天育⋯⋯眼⋯⋯取何日敗棄天下⋯⋯

孟午日⋯⋯日失⋯⋯與⋯⋯天下⋯⋯

⋯⋯問日⋯⋯眼⋯⋯不禁⋯⋯

⋯⋯天下⋯⋯士賢⋯⋯人順取之何

⋯⋯父取⋯⋯士⋯⋯大⋯⋯

自是⋯⋯深⋯⋯不⋯⋯順此中夫

如以辭而已矣雲漢之詩曰周餘黎民靡有孑遺信

斯言也是周無遺民也孝子之至莫大乎尊親尊親

之至莫大乎以天下養為天子父尊之至也以天下

養養之至也詩曰永言孝思孝思惟則此之謂也書

曰祗載見瞽瞍夔夔齊栗瞽瞍亦允若是為父不得

而子也

萬章問曰詩云娶妻如之何必告父母信斯言也宜

莫如舜舜之不告而娶何也孟子曰告則不得娶男

女居室人之大倫也如告則廢人之大倫以懟父母

是以不告也萬章曰舜之不告而娶則吾既得聞命

矣帝之妻舜而不告何也曰帝亦知告焉則不得妻

也萬章曰父母使舜完廩捐階瞽瞍焚廩使浚井出

從而揜之象曰謨蓋都君咸我績牛羊父母倉廩父

母干戈朕琴朕弤朕二嫂使治朕棲象往入舜宮舜

在牀琴象曰鬱陶思君爾忸怩舜曰惟茲臣庶汝其

于予治不識舜不知象之將殺己與曰奚而不知也

象憂亦憂象喜亦喜曰然則舜偽喜者與曰否昔者

有饋生魚於鄭子產子產使校人畜之池校人烹之

反命曰始舍之圉圉焉少則洋洋焉攸然而逝子產

曰得其所哉得其所哉校人出曰孰謂子產智予既

萬章問曰：「舜往于田，號泣于旻天，何為其號泣也？」孟子曰：「怨慕也。」萬章曰：「父母愛之，喜而不忘；父母惡之，勞而不怨。然則舜怨乎？」曰：「長息問於公明高曰：『舜往于田，則吾既得聞命矣。號泣于旻天，于父母，則吾不知也。』公明高曰：『是非爾所知也。』夫公明高以孝子之心，為不若是恝。我竭力耕田，共為子職而已矣，父母之不我愛，於我何哉？

帝使其子九男二女，百官牛羊倉廩備，以事舜於畎畝之中。天下之士多就之者，帝將胥天下而遷之焉。為不順於父母，如窮人無所歸。

天下之士悅之，人之所欲也，而不足以解憂；好色，人之所欲，妻帝之二女，而不足以解憂；富，人之所欲，富有天下，而不足以解憂；貴，人之所欲，貴為天子，而不足以解憂。人悅之、好色、富貴，無足以解憂者，惟順於父母可以解憂。

人少，則慕父母；知好色，則慕少艾；有妻子，則慕妻子；仕則慕君，不得於君則熱中。大孝終身慕父母。五十而慕者，予於大舜見之矣。」

烹而食之曰得其所哉得其所哉故君子可欺以其

方難罔以非其道彼以愛兄之道來故誠信而喜之

奚偽焉

萬章問曰象曰以殺舜為事立為天子則放之何也

孟子曰封之也或曰放焉萬章曰舜流共工于幽州

放驩兜于崇山殺三苗于三危殛鯀于羽山四罪而

天下咸服誅不仁也象至不仁封之有庳有庳之人

奚罪焉仁人固如是乎在他人則誅之在弟則封之

曰仁人之於弟也不藏怒焉不宿怨焉親愛之而已

矣親之欲其貴也愛之欲其富也封之有庳富貴之

也身為天子弟為匹夫可謂親愛之乎敢問或曰放

者何謂也曰象不得有為於其國天子使吏治其國

而納其貢稅焉故謂之放豈得暴彼民哉雖然欲常

常而見之故源源而來不及貢以政接于有庳此之

謂也

公孫丑問曰高子曰小弁小人之詩也孟子曰何以

言之曰怨曰固哉高叟之為詩也有人於此越人關

弓而射之則已談笑而道之無他疏之也其兄關弓

而射之則已垂涕泣而道之無他戚之也小弁之怨

親親也親親仁也固矣夫高叟之為詩也曰凱風何

以不怨曰凱風親之過小者也小弁親之過大者也

親之過大而不怨是愈疏也親之過小而怨是不可

磯也愈疏不孝也不可磯亦不孝也孔子曰舜其至

孝矣五十而慕

孟子曰事孰為大事親為大守孰為大守身為大不

失其身而能事其親者吾聞之矣失其身而能事其

親者吾未之聞也孰不為事事親事之本也孰不為

守守身守之本也曾子養曾皙必有酒肉將徹必請

所與問有餘必曰有曾皙死曾元養曾子必有酒肉

將徹不請所與問有餘曰亡矣將以復進也此所謂

養口體者也若曾子則可謂養志也事親若曾子者

可也

曾皙嗜羊棗而曾子不忍食羊棗公孫丑問曰膾炙

與羊棗孰美孟子曰膾炙哉公孫丑曰然則曾子何

為食膾炙而不食羊棗曰膾炙所同也羊棗所獨也

諱名不諱姓姓所同也名所獨也

滕定公薨世子謂然友曰昔者孟子嘗與我言於宋

於心終不忘今也不幸至於大故吾欲使子問於孟

子然後行事然友之鄒問於孟子孟子曰不亦善乎

親喪固所自盡也曾子曰生事之以禮死葬之以禮

祭之以禮可謂孝矣諸侯之禮吾未之學也雖然吾
嘗聞之矣三年之喪齊疏之服飦粥之食自天子達
於庶人三代共之然友反命定為三年之喪父兄百
官皆不欲也故曰吾宗國魯先君莫之行吾先君亦
莫之行也至於子之身而反之不可且志曰喪祭從
先祖曰吾有所受之也謂然友曰吾他日未嘗學問
好馳馬試劍今也父兄百官不我足也恐其不能盡
於大事子為我問孟子然友復之鄒問孟子孟子曰
然不可以他求者也孔子曰君薨聽於冢宰歠粥面
深墨即位而哭百官有司莫敢不哀先之也上有好

者下必有甚焉者矣君子之德風也小人之德草也
草上之風必偃是在世子然友反命世子曰然是誠
在我五月居廬未有命戒百官族人可謂曰知及至
葬四方來觀之顏色之戚哭泣之哀弔者大悅
公都子曰匡章通國皆稱不孝焉夫子與之遊又從
而禮貌之敢問何也孟子曰世俗所謂不孝者五惰
其四支不顧父母之養一不孝也博弈好飲酒不顧
父母之養二不孝也好貨財私妻子不顧父母之養
三不孝也從耳目之欲以為父母戮四不孝也好勇
鬪很以危父母五不孝也章子有一於是乎夫章子

本草衍義卷
第六十篇集

六十五

子父責善而不相遇也責善朋友之道也父子責善
賊恩之大者夫章子豈不欲有夫妻子母之屬哉為
得罪於父不得近出妻屏子終身不養焉其設心以
為不若是則罪之大者是則章子已矣

公孫丑曰君子之不教子何也孟子曰勢不行也教
者必以正以正不行繼之以怒繼之以怒則反夷矣
夫子教我以正夫子未出於正也則是父子相夷也
父子相夷則惡矣古者易子而教之父子之閒不責
善責善則離離則不祥莫大焉

孟子曰中也養不中才也養不才故人樂有賢父兄

也如中也棄不中才也棄不才則賢不肖之相去其
閒不能以寸

孟子曰身不行道不行於妻子使人不以道不能行
於妻子

孟子曰吾今而後知殺人親之重也殺人之父人亦
殺其父殺人之兄人亦殺其兄然則非自殺之也一
閒耳

齊宣王欲短喪公孫丑曰為朞之喪猶愈於已乎孟
子曰是猶或紾其兄之臂子謂之姑徐徐云爾亦教
之孝弟而已矣王子有其母死者其傅為之請數月

之喪公孫丑曰若此者何如也曰是欲終之而不可
得也雖加一日愈於已謂夫莫之禁而弗爲者也。
孟子曰養生者不足以當大事惟送死可以當大事
孟子曰君子有三樂而王天下不與存焉父母俱存
兄弟無故一樂也仰不愧於天俯不怍於人二樂也
得天下英才而敎育之三樂也君子有三樂而王天
下不與存焉。

孟子曰：君子有三樂，而王天下不與存焉。父母俱存，兄弟無故，一樂也。仰不愧於天，俯不怍於人，二樂也。得天下英才而教育之，三樂也。君子有三樂，而王天下不與存焉。

孟子曰：廣土眾民，君子欲之，所樂不存焉。中天下而立，定四海之民，君子樂之，所性不存焉。君子所性，雖大行不加焉，雖窮居不損焉，分定故也。君子所性，仁義禮智根於心，其生色也睟然，見於面，盎於背，施於四體，四體不言而喻。

孟子集注卷八

盡心章句上

六十八

君臣朋友第七

孟子告齊宣王曰君之視臣如手足則臣視君如腹心君之視臣如犬馬則臣視君如國人君之視臣如土芥則臣視君如寇讎王曰禮為舊君有服何如斯可為服矣曰諫行言聽膏澤下於民有故而去則君使人導之出疆又先於其所往去三年不反然後收其田里此之謂三有禮焉如此則為之服矣今也為臣諫則不行言則不聽膏澤不下於民有故而去則君搏執之又極之於其所往去之日遂收其田里此之謂寇讎寇讎何服之有

孟子十篇讀
君臣朋友七

孟子曰無罪而殺士則大夫可以去無罪而戮民則士可以徙

齊宣王問卿孟子曰王何卿之問也王曰卿不同乎曰不同有貴戚之卿有異姓之卿王曰請問貴戚之卿曰君有大過則諫反覆之而不聽則易位王勃然變乎色曰王勿異也王問臣臣不敢不以正對王色定然後請問異姓之卿曰君有過則諫反覆之而不聽則去

公孫丑曰伊尹曰予不狎于不順放太甲于桐民大悅太甲賢又反之民大悅賢者之為人臣也其君不

七十一

賢則固可放與。孟子曰。有伊尹之志則可。無伊尹之
志則篡也。

齊宣王問曰。湯放桀武王伐紂有諸。孟子對曰。於傳
有之曰。臣弒其君可乎。曰賊仁者謂之賊。賊義者謂
之殘。殘賊之人謂之一夫。聞誅一夫紂矣。未聞弒君
也。

逢蒙學射於羿。盡羿之道。思天下惟羿為愈己。於是
殺羿。孟子曰。是亦羿有罪焉。公明儀曰。宜若無罪焉。
曰薄乎云爾。惡得無罪。鄭人使子濯孺子侵衛。衛使
庾公之斯追之。子濯孺子曰。今日我疾作不可以執
弓。吾死矣夫。問其僕曰。追我者誰也。其僕曰。庾公之
斯也。曰吾生矣。其僕曰。庾公之斯衛之善射者也。夫
子曰。吾生何謂也。曰庾公之斯學射於尹公之他。尹
公之他學射於我。夫尹公之他端人也。其取友必端
矣。庾公之斯至曰。夫子何為不執弓。曰今日我疾作
不可以執弓。曰小人學射於尹公之他。尹公之他學
射於夫子。我不忍以夫子之道反害夫子。雖然今日
之事君事也。我不敢廢。抽矢扣輪去其金發乘矢而
後反。

公都子曰。滕更之在門也。君在所禮而不答何也。孟

子曰挾貴而問。挾賢而問。挾長而問。挾有勳勞而問。

挾故而問。皆所不答也。滕更有二焉。

萬章問曰。敢問友。孟子曰。不挾長。不挾貴。不挾兄弟

而友。友也者。友其德也。不可以有挾也。孟獻子百乘

之家也。有友五人焉。樂正裘牧仲其三人則予忘之

矣。獻子之與此五人者友也。無獻子之家者也。此五

人者亦有獻子之家則不與之友矣。非惟百乘之家

為然也。雖小國之君亦有之。費惠公曰。吾於子思則

師之矣。吾於顏般則友之矣。王順長息則事我者也。

非惟小國之君為然也。雖大國之君亦有之。晉平公

之於亥唐也。入云則入。坐云則坐。食云則食。雖蔬食

菜羹未嘗不飽。蓋不敢不飽也。然終於此而已矣。弗

與其天位也。弗與治天職也。弗與食天祿也。士之尊

賢者也。非王公之尊賢也。舜尚見帝。帝館甥于貳室。

亦饗舜。迭為賓主。是天子而友匹夫也。用下敬上謂

之貴貴。用上敬下謂之尊賢。貴貴尊賢其義一也。

用下敬上，謂之貴貴；用上敬下，謂之尊賢。貴貴尊賢，其義一也。

本體毀志為賓主，是天子而友匹夫也。用下敬上謂之貴貴，用上敬下謂之尊賢，貴貴尊賢其義一也。

舜尚見帝，帝館甥于貳室，亦饗舜，迭為賓主，是天子而友匹夫也。

弗與共天位也，弗與治天職也，弗與食天祿也，士之尊賢者也，非王公之尊賢也。

晉平公之於亥唐也，入云則入，坐云則坐，食云則食，雖蔬食菜羹，未嘗不飽，蓋不敢不飽也，然終於此而已矣。

非惟小國之君為然也，雖大國之君亦有之。費惠公曰：吾於子思則師之矣，吾於顏般則友之矣，王順、長息則事我者也。非惟小國之君為然也。

人有獻子之與此五人者友也，無獻子之家者也，此五人者亦有獻子之家，則不與之友矣。非惟百乘之家為然也，雖小國之君亦有之。

孟獻子，百乘之家也，有友五人焉：樂正裘、牧仲，其三人，則予忘之矣。

不挾長，不挾貴，不挾兄弟而友。友也者，友其德也，不可以有挾也。

萬章問曰：敢問友。孟子曰：不挾長，不挾貴，不挾兄弟而友。

萬章問而問，敢問不答而問，敢問。

孟子曰盡其心者知其性也知天矣存其
心養其性所以事天也殀壽不貳脩身以俟之所以
立命也。

告子曰性猶杞柳也義猶桮棬也以人性為仁義猶
以杞柳為桮棬孟子曰子能順杞柳之性而以為桮
棬乎將戕賊杞柳而後以為桮棬也如將戕賊杞柳
而以為桮棬則亦將戕賊人以為仁義與率天下之
人而禍仁義者必子之言夫。

告子曰性猶湍水也決諸東方則東流決諸西方則
西流。人性之無分於善不善也猶水之無分於東西
也孟子曰水信無分於東西無分於上下乎人性之
善也猶水之就下也人無有不善水無有不下今夫
水搏而躍之可使過顙激而行之可使在山是豈水
之性哉其勢則然也人之可使為不善其性亦猶是
也。

告子曰生之謂性孟子曰生之謂性也猶白之謂白
與。曰然。白羽之白也猶白雪之白白雪之白猶白玉
之白與。曰然。然則犬之性猶牛之性牛之性猶人之
性與。

告子曰：「性猶湍水也，決諸東方則東流，決諸西方則西流。人性之無分於善不善也，猶水之無分於東西也。」

孟子曰：「水信無分於東西，無分於上下乎？人性之善也，猶水之就下也。人無有不善，水無有不下。今夫水，搏而躍之，可使過顙；激而行之，可使在山。是豈水之性哉？其勢則然也。人之可使為不善，其性亦猶是也。」

告子曰：「生之謂性。」

孟子曰：「生之謂性也，猶白之謂白與？」曰：「然。」「白羽之白也，猶白雪之白；白雪之白，猶白玉之白與？」曰：「然。」「然則犬之性猶牛之性，牛之性猶人之性與？」

告子曰：「食色，性也。仁，內也，非外也；義，外也，非內也。」

孟子曰：「何以謂仁內義外也？」曰：「彼長而我長之，非有長於我也；猶彼白而我白之，從其白於外也，故謂之外也。」曰：「異於白馬之白也，無以異於白人之白也；不識長馬之長也，無以異於長人之長與？且謂長者義乎？長之者義乎？」曰：「吾弟則愛之，秦人之弟則不愛也，是以我為悅者也，故謂之內。長楚人之長，亦長吾之長，是以長為悅者也，故謂之外也。」曰：「耆秦人之炙，無以異於耆吾炙，夫物則亦有然者也，然則耆炙亦有外與？」

立命也。

小養其一指而失其肩背而不知也，則為狼疾人也。

公都子曰告子曰性無善無不善也或曰性可以為善可以為不善是故文武興則民好善幽厲興則民好暴或曰有性善有性不善是故以堯為君而有象以瞽瞍為父而有舜以紂為兄之子且以為君而有微子啟王子比干今曰性善然則彼皆非與孟子曰乃若其情則可以為善矣乃所謂善也若夫為不善非才之罪也惻隱之心人皆有之羞惡之心人皆有之恭敬之心人皆有之是非之心人皆有之惻隱之心仁也羞惡之心義也恭敬之心禮也是非之心智也仁義禮智非由外鑠我也我固有之也弗思耳矣

孟子十篇讀
學第八

故曰求則得之舍則失之或相倍蓰而無算者不能盡其才者也詩曰天生蒸民有物有則民之秉彝好是懿德孔子曰為此詩者其知道乎故有物必有則民之秉彝也故好是懿德

孟子曰天下之言性也則故而已矣故者以利為本所惡於智者為其鑿也如智者若禹之行水也則無惡於智矣禹之行水也行其所無事也如智者亦行其所無事則智亦大矣天之高也星辰之遠也苟求其故千歲之日至可坐而致也

孟子曰萬物皆備於我矣反身而誠樂莫大焉強恕

七十四

公都子曰：「告子曰：『性無善無不善也。』或曰：『性可以為善，可以為不善；是故文武興，則民好善；幽厲興，則民好暴。』或曰：『有性善，有性不善；是故以堯為君而有象，以瞽瞍為父而有舜；以紂為兄之子且以為君，而有微子啟、王子比干。』今曰『性善』，然則彼皆非與？」

孟子曰：「乃若其情，則可以為善矣，乃所謂善也。若夫為不善，非才之罪也。惻隱之心，人皆有之；羞惡之心，人皆有之；恭敬之心，人皆有之；是非之心，人皆有之。惻隱之心，仁也；羞惡之心，義也；恭敬之心，禮也；是非之心，智也。仁義禮智，非由外鑠我也，我固有之也，弗思耳矣。故曰：『求則得之，舍則失之。』或相倍蓗而無算者，不能盡其才者也。詩曰：『天生蒸民，有物有則。民之秉夷，好是懿德。』孔子曰：『為此詩者，其知道乎！故有物必有則，民之秉夷也，故好是懿德。』」

孟子曰：「富歲子弟多賴，凶歲子弟多暴，非天之降才爾殊也，其所以陷溺其心者然也。

而行求仁莫近焉。

孟子曰人之所不學而能者其良能也所不慮而知

者其良知也孩提之童無不知愛其親者及其長也無

無不知敬其兄也親親仁也敬長義也無他達之天

下也。

孟子曰人之所以異於禽獸者幾希庶民去之君子

存之舜明於庶物察於人倫由仁義行非行仁義也。

孟子曰無為其所不為無欲其所不欲如此而已矣。

孟子曰人皆有所不忍達之於其所忍仁也人皆有

所不為達之於其所為義也人能充無欲害人之心

而仁不可勝用也人能充無穿踰之心而義不可勝

用也人能充無受爾汝之實無所往而不為義也士

未可以言而言是以言餂之也可以言而不言是以

不言餂之也是皆穿踰之類也。

孟子曰仁之實事親是也義之實從兄是也智之實

知斯二者弗去是也禮之實節文斯二者是也樂之

實樂斯二者樂則生矣生則惡可已也惡可已則不

知足之蹈之手之舞之。

孟子曰仁也者人也合而言之道也。

孟子曰矢人豈不仁於函人哉矢人惟恐不傷人函

人惟恐傷人巫匠亦然故術不可不愼也孔子曰里
仁爲美擇不處仁焉得智夫仁天之尊爵也人之安
宅也莫之禦而不仁是不智也不仁不智無禮無義
人役也人役而恥爲役由弓人而恥爲弓矢人而恥
爲矢也如恥之莫如爲仁仁者如射射者正己而後
發發而不中不怨勝己者反求諸己而已矣
孟子曰自暴者不可與有言也自棄者不可與有爲
也言非禮義謂之自暴也吾身不能居仁由義謂之
自棄也仁人之安宅也義人之正路也曠安宅而弗
居舍正路而不由哀哉

孟子曰仁人心也義人路也舍其路而弗由放其心
而不知求哀哉人有雞犬放則知求之有放心而不
知求學問之道無他求其放心而已矣
孟子曰大人者不失其赤子之心者也
孟子曰養心莫善於寡欲其爲人也寡欲雖有不存
焉者寡矣其爲人也多欲雖有存焉者寡矣
孟子曰堯舜性者也湯武反之也動容周旋中禮者
盛德之至也哭死而哀非爲生者也經德不回非以
干祿也言語必信非以正行也君子行法以俟命而
已矣

孟子曰：「桀紂之失天下也，失其民也；失其民者，失其心也。得天下有道：得其民，斯得天下矣；得其民有道：得其心，斯得民矣；得其心有道：所欲與之聚之，所惡勿施爾也。民之歸仁也，猶水之就下、獸之走壙也。故為淵敺魚者，獺也；為叢敺爵者，鸇也；為湯武敺民者，桀與紂也。今天下之君有好仁者，則諸侯皆為之敺矣。雖欲無王，不可得已。今之欲王者，猶七年之病求三年之艾也。苟為不畜，終身不得。苟不志於仁，終身憂辱，以陷於死亡。詩云：『其何能淑，載胥及溺。』此之謂也。」

孟子曰：「自暴者，不可與有言也；自棄者，不可與有為也。言非禮義，謂之自暴也；吾身不能居仁由義，謂之自棄也。仁，人之安宅也；義，人之正路也。曠安宅而弗居，舍正路而不由，哀哉！」

孟子曰：「道在邇而求諸遠，事在易而求諸難。人人親其親、長其長，而天下平。」

孟子曰：「居下位而不獲於上，民不可得而治也。獲於上有道：不信於友，弗獲於上矣；信於友有道：事親弗悅，弗信於友矣；悅親有道：反身不誠，不悅於親矣；誠身有道：不明乎善，不誠其身矣。是故誠者，天之道也；思誠者，人之道也。至誠而不動者，未之有也；不誠，未有能動者也。」

孟子曰好名之人能讓千乘之國苟非其人簞食豆羹見於色。

孟子曰君子不亮惡乎執。

孟子曰博學而詳說之將以反說約也。

孟子曰言近而指遠者善言也守約而施博者善道也君子之言也不下帶而道存焉君子之守脩其身而天下平人病舍其田而芸人之田所求於人者重而所以自任者輕。

孟子曰仁之勝不仁也猶水之勝火今之為仁者猶以一杯水救一車薪之火也不熄則謂之水不勝火。

孟子曰五穀者種之美者也苟為不熟不如荑稗夫仁亦在乎熟之而已矣。

此又與於不仁之甚者也亦終必亡而已矣。

孟子行十篇讀
學第八

七十七

孟子曰無或乎王之不智也雖有天下易生之物也一日暴之十日寒之未有能生者也吾見亦罕矣吾退而寒之者至矣吾如有萌焉何哉今夫弈之為數小數也不專心致志則不得也弈秋通國之善弈者也使弈秋誨二人弈其一人專心致志惟弈秋之為聽一人雖聽之一心以為有鴻鵠將至思援弓繳而射之雖與之俱學弗若之矣為是其智弗若與曰非

然也。

孟子曰行之而不著焉而不察焉終身由之而不知其道者眾也。

孟子謂高子曰山徑之蹊間介然用之而成路為間不用則茅塞之矣今茅塞子之心矣。

孟子曰有為者辟若掘井掘井九軔而不及泉猶為棄井也。

孟子曰君子深造之以道欲其自得之也自得之則居之安居之安則資之深資之深則取之左右逢其原故君子欲其自得之也。

徐子曰仲尼亟稱於水曰水哉水哉何取於水也孟子曰原泉混混不舍晝夜盈科而後進放乎四海有本者如是是之取爾苟為無本七八月之間雨集溝澮皆盈其涸也可立而待也故聲聞過情君子恥之

孟子曰孔子登東山而小魯登太山而小天下故觀於海者難為水遊於聖人之門者難為言觀水有術必觀其瀾日月有明容光必照焉流水之為物也不盈科不行君子之志於道也不成章不達。

孟子曰非禮之禮非義之義大人弗為。

孟子曰大人者言不必信行不必果惟義所在。

孟子曰：「大人者，言不必信，行不必果，惟義所在。」

孟子曰：「大人者，不失其赤子之心者也。」

孟子曰：「養生者不足以當大事，惟送死可以當大事。」

孟子曰：「君子深造之以道，欲其自得之也。自得之，則居之安；居之安，則資之深；資之深，則取之左右逢其原，故君子欲其自得之也。」

孟子曰：「博學而詳說之，將以反說約也。」

孟子曰：「以善服人者，未有能服人者也；以善養人，然後能服天下。天下不心服而王者，未之有也。」

孟子曰：「言無實不祥。不祥之實，蔽賢者當之。」

徐子曰：「仲尼亟稱於水，曰：『水哉，水哉！』何取於水也？」孟子曰：「原泉混混，不舍晝夜，盈科而後進，放乎四海，有本者如是，是之取爾。苟為無本，七八月之間雨集，溝澮皆盈；其涸也，可立而待也。故聲聞過情，君子恥之。」

孟子曰：「人之所以異於禽獸者幾希，庶民去之，君子存之。舜明於庶物，察於人倫，由仁義行，非行仁義也。」

孟子曰可以取可以無取取傷廉可以與可以無

與傷惠可以死可以無死死傷勇

孟子曰仲尼不爲已甚者

孟子曰君子之於物也愛之而弗仁於民也仁之而

弗親親而仁民仁民而愛物

孟子曰知者無不知也當務之爲急仁者無不愛也

急親賢之爲務堯舜之知而不徧物急先務也堯舜

之仁不徧愛人急親賢也不能三年之喪而緦小功

之察放飯流歠而問無齒決是之謂不知務

孟子曰於不可已而已者無所不已於所厚者薄無

所不薄也其進銳者其退速

孟子曰周于利者凶年不能殺周于德者邪世不能

亂

孟子曰賢者以其昭昭使人昭昭今以其昏昏使人

昭昭

孟子曰人之患在好爲人師

孟子曰人之易其言也無責耳矣

孟子曰言人之不善當如後患何

盆成括仕於齊孟子曰死矣盆成括盆成括見殺門

人問曰夫子何以知其將見殺曰其爲人也小有才

未聞君子之大道也則足以殺其軀而已矣。

孟子曰莫非命也順受其正是故知命者不立乎巖

牆之下盡其道而死者正命也桎梏死者非正命也。

孟子曰存乎人者莫良於眸子眸子不能掩其惡胷

中正則眸子瞭焉胷中不正則眸子眊焉聽其言也

觀其眸子人焉廋哉。

浩生不害問曰樂正子何人也孟子曰善人也信人

也何謂善何謂信曰可欲之謂善有諸已之謂信充

實之謂美充實而有光輝之謂大大而化之之謂聖

聖而不可知之之謂神樂正子二之中四之下也。

孟子曰君子之所以教者五有如時雨化之者有成

德者有達才者有答問者有私淑艾者此五者君子

之所以教也。

公孫丑曰道則高矣美矣宜若登天然似不可及也。

何不使彼為可幾及而日孳孳也孟子曰大匠不為

拙工改廢繩墨羿不為拙射變其彀率君子引而不

發躍如也中道而立能者從之。

孟子曰梓匠輪輿能與人規矩不能使人巧。

孟子曰羿之教人射必志於彀學者亦必志於彀大

匠誨人必以規矩學者亦必以規矩。

孟子曰教亦多術矣予不屑之教誨也者是亦教誨

之而已矣。

孟子曰逃墨必歸於楊逃楊必歸於儒歸斯受之而

已矣今之與楊墨辯者如追放豚既入其苙又從而

招之。

孟子之滕館於上宮有業屨於牖上館人求之弗得。

或問之曰若是乎從者之廋也曰子以是為竊屨來

與曰殆非也夫子之設科也往者不追來者不拒苟

以是心至斯受之而已矣

孟子曰楊子取為我拔一毛而利天下不為也墨子

兼愛摩頂放踵利天下為之子莫執中執中為近之

執中無權猶執一也所惡執一者為其賊道也舉一

而廢百也。

墨者夷之因徐辟而求見孟子孟子曰吾固願見今

吾尚病病愈我且往見夷子不來他日又求見孟子。

孟子曰吾今則可以見矣不直則道不見我且直之

吾聞夷子墨者墨之治喪也以薄為其道也夷子思

以易天下豈以為非是而不貴也然而夷子葬其親

厚則是以所賤事親也徐子以告夷子夷子曰儒者

之道古之人若保赤子此言何謂也之則以為愛無

差等施由親始徐子以告孟子孟子曰夫夷子信以

為人之親其兄之子為若親其鄰之赤子乎彼有取

爾也赤子匍匐將入井非赤子之罪也且天之生物

也使之一本而夷子二本故也蓋上世嘗有不葬其

親者其親死則舉而委之於壑他日過之狐狸食之

蠅蚋姑嘬之其顙有泚睨而不視夫泚也非為人泚

中心達於面目蓋歸反虆梩而掩之掩之誠是也則

孝子仁人之掩其親亦必有道矣徐子以告夷子夷

子慁然爲閒曰命之矣。

匡章曰陳仲子豈不誠廉士哉居於陵三日不食耳

無聞目無見也井上有李螬食實者過半矣匍匐往

將食之三咽然後耳有聞目有見孟子曰於齊國之

士吾必以仲子爲巨擘焉雖然仲子惡能廉充仲子

之操則蚓而後可者也夫蚓上食槁壤下飲黃泉仲

子所居之室伯夷之所築與抑亦盗跖之所築與所

食之粟伯夷之所樹與抑亦盗跖之所樹與是未可

知也曰是何傷哉彼身織屨妻辟纑以易之也曰仲

子齊之世家也兄戴蓋祿萬鍾以兄之祿爲不義之

祿而不食也以兄之室爲不義之室而不居也避兄

離母處於於陵他日歸則有饋其兄生鵝者己頻顣

曰惡用是鶂鶂者爲哉他日其母殺是鵝也與之食

之其兄自外至曰是鶂鶂之肉也出而哇之以母則

不食以妻則食之以兄之室則弗居以於陵則居之

是尚爲能充其類也乎若仲子者蚓而後充其操者

也。

孟子曰仲子不義與之齊國而弗受人皆信之是舍

簞食豆羹之義也人莫大焉亡親戚君臣上下以其

小者信其大者奚可哉。

有爲神農之言者許行。自楚之滕。踵門而告文公曰。

遠方之人聞君行仁政。願受一廛而爲氓。文公與之

處其徒數十人皆衣褐捆屨織席以爲食。陳良之徒

陳相與其弟辛負未耜而自宋之滕曰聞君行聖人

之政是亦聖人也。願爲聖人氓。陳相見許行而大悅。

盡棄其學而學焉。陳相見孟子。道許行之言曰。滕君

則誠賢君也。雖然未聞道也。賢者與民並耕而食。饔

飧而治今也。滕有倉廩府庫。則是厲民而以自養也。

惡得賢。孟子曰。許子必種粟而後食乎。曰然。許子必

織布然後衣乎。曰否。許子衣褐。許子冠乎。曰冠。曰奚

冠曰素。曰自織之與。曰否。以粟易之。曰許子奚爲

不自織。曰害於耕。曰許子以釜甑爨。以鐵耕乎。曰然。

自爲之與。曰否。以粟易之。以粟易械器者。不爲厲陶

冶。陶冶亦以械器易粟者。豈爲厲農夫哉。且許子何

不爲陶冶。舍皆取諸其宮中而用之。何爲紛紛然與

百工交易。何許子之不憚煩。曰百工之事。固不可耕

且爲也。然則治天下獨可耕且爲與。有大人之事。有

小人之事。且一人之身。而百工之所爲備。如必自爲

而後用之。是率天下而路也。故曰或勞心。或勞力。勞

心者治人。勞力者治於人。治於人者食人。治人者食

曰：「許子冠乎？」曰：「冠。」曰：「奚冠？」曰：「冠素。」曰：「自織之與？」曰：「否，以粟易之。」曰：「許子奚為不自織？」曰：「害於耕。」曰：「許子以釜甑爨，以鐵耕乎？」曰：「然。」「自為之與？」曰：「否，以粟易之。」

「以粟易械器者，不為厲陶冶；陶冶亦以其械器易粟者，豈為厲農夫哉？且許子何不為陶冶，舍皆取諸其宮中而用之？何為紛紛然與百工交易？何許子之不憚煩？」曰：「百工之事，固不可耕且為也。」

「然則治天下獨可耕且為與？有大人之事，有小人之事。且一人之身，而百工之所為備，如必自為而後用之，是率天下而路也。故曰：或勞心，或勞力。勞心者治人，勞力者治於人；治於人者食人，治人者食於人，天下之通義也。」

孟子第十

八十四

於人天下之通義也當堯之時天下猶未平洪水橫
流氾濫於天下草木暢茂禽獸繁殖五穀不登禽獸
偪人獸蹄鳥迹之道交於中國堯獨憂之舉舜而敷
治焉舜使益掌火益烈山澤而焚之禽獸逃匿禹疏
九河瀹濟漯而注諸海決汝漢排淮泗而注之江然
後中國可得而食也當是時也禹八年於外三過其
門而不入雖欲耕得乎后稷教民稼穡樹藝五穀五
穀熟而民人育人之有道也飽食煖衣逸居而無教
則近於禽獸聖人有憂之使契為司徒教以人倫父
子有親君臣有義夫婦有別長幼有敘朋友有信放

孟子十篇闡讀
非彼第九

勳曰勞之來之匡之直之輔之翼之使自得之又從
而振德之聖人之憂民如此而暇耕乎堯以不得舜
為已憂舜以不得禹皋陶為已憂夫以百畝之不易
為已憂者農夫也分人以財謂之惠教人以善謂之
忠為天下得人者謂之仁是故以天下與人易為天
下得人難孔子曰大哉堯之為君惟天為大惟堯則
之蕩蕩乎民無能名焉君哉舜也巍巍乎有天下而
不與焉堯舜之治天下豈無所用其心哉亦不用於
耕耳吾聞用夏變夷者未聞變於夷者也陳良楚產
也悅周公仲尼之道北學於中國北方之學者未能

或之先也彼所謂豪傑之士也子也子之兄弟事之數十
年師死而遂倍之昔者孔子沒三年之外門人治任
將歸入揖於子貢相嚮而哭皆失聲然後歸子貢反
築室於場獨居三年然後歸他日子夏子張子游以
有若似聖人欲以所事孔子事之強曾子曾子曰不
可江漢以濯之秋陽以暴之皜皜乎不可尚已今也
南蠻鴃舌之人非先王之道子倍子之師而學之亦
異於曾子矣吾聞出於幽谷遷於喬木者未聞下喬
木而入於幽谷者魯頌曰戎狄是膺荊舒是懲周公
方且膺之子是之學亦為不善變矣從許子之道則

市賈不貳國中無偽雖使五尺之童適市莫之或欺
布帛長短同則賈相若麻縷絲絮輕重同則賈相若
五穀多寡同則賈相若屨大小同則賈相若曰夫物
之不齊物之情也或相倍蓰或相什百或相千萬子
比而同之是亂天下也巨屨小屨同賈人豈為之哉
從許子之道相率而為偽者也惡能治國家
白圭曰吾欲二十而取一何如孟子曰子之道貉道
也萬室之國一人陶則可乎曰不可器不足用也曰
夫貉五穀不生惟黍生之無城郭宮室宗廟祭祀之
禮無諸侯幣帛饔飧無百官有司故二十取一而足

也今居中國去人倫無君子如之何其可也閑以寡

且不可以為國況無君子乎欲輕之於堯舜之道者

大貉小貉也欲重之於堯舜之道者大桀小桀也

白圭曰丹之治水也愈於禹孟子曰子過矣禹之治

水水之道也是故禹以四海為壑今吾子以鄰國為

壑水逆行謂之洚水洚水者洪水也仁人之所惡也

吾子過矣

公都子曰外人皆稱夫子好辯敢問何也孟子曰予

豈好辯哉予不得已也天下之生久矣一治一亂當

堯之時水逆行氾濫於中國蛇龍居之民無所定下

者為巢上者為營窟書曰洚水警余洚水者洪水也

使禹治之禹掘地而注之海驅蛇龍而放之菹水由

地中行江淮河漢是也險阻既遠鳥獸之害人者消

然後人得平土而居之堯舜既沒聖人之道衰暴君

代作壞宮室以為汙池民無所安息棄田以為園囿

使民不得衣食邪說暴行又作園囿汙池沛澤多而

禽獸至及紂之身天下又大亂周公相武王誅紂伐

奄三年討其君驅飛廉於海隅而戮之滅國者五十

驅虎豹犀象而遠之天下大悅書曰丕顯哉文王謨

不承哉武王烈佑啟我後人咸以正無缺世衰道微

邪說暴行有作臣弑其君者有之子弑其父者有之
孔子懼作春秋春秋天子之事也是故孔子曰知我
者其惟春秋乎罪我者其惟春秋乎聖王不作諸侯
放恣處士橫議楊朱墨翟之言盈天下天下之言不
歸楊則歸墨楊氏為我是無君也墨氏兼愛是無父
也無父無君是禽獸也公明儀曰庖有肥肉廄有肥
馬民有飢色野有餓莩此率獸而食人也楊墨之道
不息孔子之道不著是邪說誣民充塞仁義也仁義
充塞則率獸食人人將相食吾為此懼閑先聖之道
距楊墨放淫辭邪說者不得作作於其心害於其事

作於其事害於其政聖人復起不易吾言矣昔者禹
抑洪水而天下平周公兼夷狄驅猛獸而百姓寧孔
子成春秋而亂臣賊子懼詩云戎狄是膺荊舒是懲
則莫我敢承無父無君是周公所膺也我亦欲正人
心息邪說距詖行放淫辭以承三聖者豈好辯哉予
不得已也能言距楊墨者聖人之徒也

不懼以力強予而不予者墨者言人之非也，

小息以結交施行有效君之不難以來三聖者諡在字
故莫之承無父無君公孟非之非亦五人
今如春秋而撓亂君諡不居公孟之非亦非懸
兼愛而天下平思公兼愛必懼而強而自取害乎
故其奸聖人在時不長善言矣皆者也

墨子兼愛而結交者不居於其小害於其事
當則率撓貪人入祿而貪吾於此醫閑於聖之道
不息作此之道不善者結病只宗塞亡義也
愚兄官有自理者就率撓而貪人之墨之道
此無父無君是會撓此公即難以難日自有孤向內
輪貪則墨言墨之其丑為君此兼愛者則無父
故忿為士撓無薪非米墨醫之言盜天下天下之言不
此午醫非春撓春撓平軍不非諡非
皆其撓非春撓天午之津此此午日非非
此結暴於貪此非官之午蒜其父者官之

孟子曰舜之飯糗茹草也若將終身焉及其為天子

也被袗衣鼓琴二女果若固有之。

孟子曰舜之居深山之中與木石居與鹿豕遊其所

以異於深山之野人者幾希及其聞一善言見一善

行若決江河沛然莫之能禦也。

孟子曰子路人告之以有過則喜禹聞善言則拜大

舜有大焉善與人同舍己從人樂取於人以為善自

耕稼陶漁以至為帝無非取於人者取諸人以為善

是與人為善者也故君子莫大乎與人為善。

孟子曰舜生於諸馮遷於負夏卒於鳴條東夷之人

也文王生於岐周卒於畢郢西夷之人也地之相去

也千有餘里世之相後也千有餘歲得志行乎中國

若合符節先聖後聖其揆一也。

高子曰禹之聲尚文王之聲孟子曰何以言之曰以

追蠡曰是奚足哉城門之軌兩馬之力與

禹稷當平世三過其門而不入孔子賢之顏子當亂

世居於陋巷一簞食一瓢飲人不堪其憂顏子不改

其樂孔子賢之孟子曰禹稷顏回同道禹思天下有

溺者由己溺之也稷思天下有飢者由己飢之也是

經善者由己諭之善由己論之善者

其樂乎午實之滿午曰思賢顛回賢思天下賢

世固乎固者一單食人不堪其憂賢者不以

高午曰思賢尚文王之體溢午曰思之

苦合欲稿求聖欲聖其善一也

由午育繪里世之善由午育繪善器志行乎中國

由文王生於畎畝卒於畢程西夷之人由去

盂午曰舜生於諸雜憑責卒於鳴條東夷之人

盂與人為善者由效哲午莫大乎與人為善

棒蘇舜由至為帝無非取於人者如人為善

報育大孝善與人同舍己從人樂取於人以為善自

討苦先正何相燃莫之能禦

盂午曰午器人告之以有過則喜聞善言頼拜大

盂與弦築山之理人告於其間一善言原一善

盂午曰舜之居深山之中與木石固處與鹿豕

由蘇於文菜苦固有之

盂午曰報之道莫草由苦樂良為文其為天下

自宗策十

以如是其急也禹稷顏子易地則皆然今有同室之
人鬬者救之雖被髮纓冠而往救之可也鄉鄰有鬬
者被髮纓冠而往救之則惑也雖閉戶可也
我室毀傷其薪木寇退則曰脩我牆屋我將反寇退
曾子居武城有越寇或曰寇至盍去諸曰無寓人於
曾子反左右曰待先生如此其忠且敬也寇至則先
去以為民望寇退則反殆於不可沈猶行曰是非汝
所知也昔沈猶有負芻之禍從先生者七十人未有
與焉子思居於衛有齊寇或曰寇至盍去諸子思曰
如伋去君誰與守孟子曰曾子子思同道曾子師也

父兄也子思臣也微也曾子子思易地則皆然
滽于髡曰先名實者為人也後名實者自為也夫子
在三卿之中名實未加於上下而去之仁者固如此
乎孟子曰居下位不以賢事不肖者伯夷也五就湯
五就桀者伊尹也不惡汙君不辭小官者柳下惠也
三子者不同道其趨一也一者何也曰仁也君子亦
仁而已矣何必同曰魯繆公之時公儀子為政子柳
子思為臣魯之削也滋甚若是乎賢者之無益於國
也曰虞不用百里奚而亡秦繆公用之而霸不用賢
則亡削何可得與曰昔者王豹處於淇而河西善謳

縣駒處於高唐而齊右善歌華周杞梁之妻善哭其

夫而變國俗有諸內必形諸外爲其事而無其功者

髡未嘗覩之也是故無賢者也有則髡必識之曰孔

子爲魯司寇不用從而祭燔肉不至不稅冕而行不

知者以爲爲肉也其知者以爲爲無禮也乃孔子則

欲以微罪行不欲爲苟去君子之所爲衆人固不識

也。

滰于髡曰男女授受不親禮與孟子曰禮也曰嫂溺

則援之以手乎曰嫂溺不援是豺狼也男女授受不

親禮也嫂溺援之以手者權也曰今天下溺矣夫子

之不援何也曰天下溺援之以道嫂溺援之以手子

欲手援天下乎

儲子曰王使人瞯夫子果有以異於人乎孟子曰何

以異於人哉堯舜與人同耳

齊饑陳臻曰國人皆以夫子將復爲發棠殆不可復

孟子曰是爲馮婦也晉人有馮婦者善搏虎卒爲善

士則之野有衆逐虎虎負嵎莫之敢攖望見馮婦趨

而迎之馮婦攘臂下車衆皆悅之其爲士者笑之

陳臻問曰前日於齊王餽兼金一百而不受於宋餽

七十鎰而受於薛餽五十鎰而受前日之不受是則

今日之受非也今日之受是則前日之不受非也夫
子必居一於此矣孟子曰皆是也當在宋也予將有
遠行行者必以贐辭曰餽贐予何爲不受當在薛也
予有戒心辭曰聞戒故爲兵餽予何爲不受若於
齊則未有處也無處而餽之是貨之也焉有君子而
可以貨取乎

孟子居鄒季任爲任處守以幣交受之而不報處於
平陸儲子爲相以幣交受之而不報他日由鄒之任
見季子由平陸之齊不見儲子屋廬子喜曰連得閒
矣問曰夫子之任見季子之齊不見儲子爲其爲相

與曰非也書曰享多儀儀不及物曰不享惟不役志
于享爲其不成享也屋廬子悅或問之屋廬子曰季
子不得之鄒儲子得之平陸

公行子有子之喪右師往弔入門有進而與右師言
者有就右師之位而與右師言者孟子不與右師言
右師不悅曰諸君子皆與驩言孟子獨不與驩言是
簡驩也孟子聞之曰禮朝廷不歷位而相與言不踰
階而相揖也我欲行禮子敖以我爲簡不亦異乎

孟子爲卿於齊出弔於滕王使蓋大夫王驩爲輔行
王驩朝暮見反齊滕之路未嘗與之言行事也公孫

陳臻問曰：「前日於齊，王餽兼金一百而不受；於宋，餽七十鎰而受；於薛，餽五十鎰而受。前日之不受是，則今日之受非也；今日之受是，則前日之不受非也。夫子必居一於此矣。」

孟子曰：「皆是也。當在宋也，予將有遠行，行者必以贐，辭曰：『餽贐。』予何為不受？當在薛也，予有戒心，辭曰：『聞戒故為兵餽之。』予何為不受？若於齊，則未有處也。無處而餽之，是貨之也。焉有君子而可以貨取乎？」

丑曰齊卿之位不爲小矣齊滕之路不爲近矣反之

而未嘗與言行事何也曰夫既或治之予何言哉

樂正子從於子敖之齊樂正子見孟子曰子亦

來見我乎曰先生何爲出此言也曰子來幾日矣曰

昔者曰昔者則我出此言也不亦宜乎曰舍館未定

曰子聞之也舍館定然後求見長者乎曰克有罪

孟子謂樂正子曰子之從於子敖來徒餔啜也我不

意子學古之道而以餔啜也。

魯平公將出嬖人臧倉者請曰他日君出則必命有

司所之今乘輿已駕矣有司未知所之敢請公曰將

孟子十篇讀
自宗第十

九十三

見孟子曰何哉君所爲輕身以先於匹夫者以爲賢

乎禮義由賢者出而孟子之後喪踰前喪君無見焉

公曰諾樂正子入見曰君奚爲不見孟軻也曰或告

寡人曰孟子之後喪踰前喪是以不往見也曰何哉

君所謂踰者前以士後以大夫前以三鼎而後以五

鼎與曰否謂棺椁衣衾之美也曰非所謂踰也貧富

不同也樂正子見孟子曰克告於君君爲來見也嬖

人有臧倉者沮君君是以不果來也曰行或使之止

或尼之行止非人所能爲也吾之不遇魯侯天也臧

氏之子焉能使予不遇哉

凡午處猶與午不處者

處者之行止非人祀訓為由者之不處臀為夫由處

人首廓倉者助每昔最以不果來止曰行止數止止

不同止樂五午泉孟午曰泉昔午首為昔來泉由與

鼎與曰昔階杯軒女余之美由曰非祀階斂由貴宮

昔祀階斂者前丘士數以大夫前止三鼎直數以正

貴人曰溫午止數費前丘昔泉血止曰血處者

公曰昔樂五午大泉曰昔溪血不泉孟止止昔

平數羨由賀者由處孟午之數龍首昔數午泉昔

泉孟午曰止止裝祀龍良以止數四夫昔以賀

信祀文午棄與曰龍矢首后未昧祀之妌者公曰數

魯午公棄出與人廓倉者龍曰止曰處止順心令首

意午與昔古止止西以謂器由

孟午臨樂五午曰午止止數午炷來裝龍止止不

昔者曰昔順昨出止言出不來宜平日舍龍未昧

日午聞止由舍龍昧然數來泉止者平日京首罷

未泉鼻平曰求止向為出止言由曰午來數日矢曰

樂五午數止止際樂五午泉孟午孟午曰午來

昔者學止止止謀樂五午泉孟午曰午未

所未昧與言向羞昨由夫昧返谷止午向言處

止曰昔學止止如不為小矢樊龍止器不為龙泉返止止

孟子自齊葬於魯反於齊止於嬴充虞請曰前日不
知虞之不肖使虞敦匠事嚴虞不敢請今願竊有請
也木若以美然曰古者棺椁無度中古棺七寸椁稱
之自天子達於庶人非直為觀美也然後盡於人心
不得不可以為悅無財不可以為悅得之為有財古
之人皆用之吾何為獨不然且比化者無使土親膚
於人心獨無恔乎吾聞之也君子不以天下儉其親
孟子謂蚔鼃曰子之辭靈丘而請士師似也為其可
以言也今既數月矣未可以言與蚔鼃諫於王而不
用致為臣而去齊人曰所以為蚔鼃則善矣所以自

為則吾不知也公都子以告曰吾聞之也有官守者
不得其職則去有言責者不得其言則去我無官守
我無言責也則吾進退豈不綽綽然有餘裕哉
孟子致為臣而歸王就見孟子曰前日願見而不可
得侍同朝甚喜今又棄寡人而歸不識可以繼此
而得見乎對曰不敢請耳固所願也他日王謂時子
曰我欲中國而授孟子室養弟子以萬鍾使諸大夫
國人皆有所矜式子盍為我言之時子因陳子而以
告孟子陳子以時子之言告孟子孟子曰然夫時子
惡知其不可也如使予欲富辭十萬而受萬是為欲

孟子曰：「國君進賢，如不得已，將使卑踰尊，疏踰戚，可不慎與？左右皆曰賢，未可也；諸大夫皆曰賢，未可也；國人皆曰賢，然後察之，見賢焉，然後用之。左右皆曰不可，勿聽；諸大夫皆曰不可，勿聽；國人皆曰不可，然後察之，見不可焉，然後去之。左右皆曰可殺，勿聽；諸大夫皆曰可殺，勿聽；國人皆曰可殺，然後察之，見可殺焉，然後殺之。故曰，國人殺之也。如此，然後可以為民父母。」

齊宣王問曰：「湯放桀，武王伐紂，有諸？」孟子對曰：「於傳有之。」曰：「臣弒其君，可乎？」曰：「賊仁者謂之賊，賊義者謂之殘，殘賊之人謂之一夫。聞誅一夫紂矣，未聞弒君也。」

孟子見齊宣王曰：「為巨室，則必使工師求大木。工師得大木，則王喜，以為能勝其任也。匠人斲而小之，則王怒，以為不勝其任矣。夫人幼而學之，壯而欲行之，王曰：『姑舍女所學而從我』，則何如？今有璞玉於此，雖萬鎰，必使玉人彫琢之。至於治國家，則曰『姑舍女所學而從我』，則何以異於教玉人彫琢玉哉？」

富乎季孫曰異哉子叔疑使已為政。不用則亦已矣。

又使其子弟為卿人亦孰不欲富貴而獨於富貴之

中有私龍斷焉古之為市也以其所有易其所無者。

有司者治之耳有賤丈夫焉必求龍斷而登之以左

右望而罔市利人皆以為賤故從而征之征商自此

賤丈夫始矣。

孟子去齊宿於晝有欲為王留行者坐而言不應隱

几而臥客不悅曰弟子齋宿而後敢言夫子臥而不

聽請勿復敢見矣曰坐我明語子昔者魯繆公無人

乎子思之側則不能安子思泄柳申詳無人乎繆公

之側則不能安其身子為長者慮而不及子思子絕

長者乎長者絕子乎。

孟子去齊尹士語人曰不識王之不可以為湯武則

是不明也識其不可然且至則是干澤也千里而見

王不遇故去三宿而後出晝是何濡滯也士則茲不

悅高子以告曰夫尹士惡知予哉千里而見王是予

所欲也不遇故去豈予所欲哉予不得已也予三宿

而出晝於予心猶以為速王庶幾改之王如改諸則

必反予夫出晝而王不予追也予然後浩然有歸志

子雖然豈舍王哉王由足用為善王如用予則豈徒

齊民安。天下之民舉安。王庶幾改之。予日望之。予豈

若是小丈夫然哉。諫於其君而不受則怒悻悻然見

於其面去則窮日之力而後宿哉。尹士聞之曰。士誠

小人也。

孟子去齊。充虞路問曰。夫子若有不豫色然。前日虞

聞諸夫子曰。君子不怨天不尤人。曰彼一時此一時

也。五百年必有王者興。其閒必有名世者。由周而來

七百有餘歲矣。以其數則過矣以其時考之則可矣。

夫天未欲平治天下也。如欲平治天下當今之世舍

我其誰也。吾何爲不豫哉。

孟子去齊居休。公孫丑問曰。仕而不受祿。古之道乎。

曰非也。於崇吾得見王退而有去志不欲變故不受

也繼而有師命不可以請久於齊非我志也。

孟子曰。伯夷非其君不事。非其友不友不立於惡人

之朝不與惡人言立於惡人之朝與惡人言如以朝

衣朝冠坐於塗炭推惡惡之心思與鄉人立其冠不

正望望然去之若將浼焉是故諸侯雖有善其辭命

而至者不受也不受也者是亦不屑就已柳下惠不

羞汙君不卑小官進不隱賢必以其道遺佚而不怨

阨窮而不憫故曰爾爲爾我爲我雖袒裼裸裎於我

側爾焉能浼我哉故由由然與之偕而不自失焉援
而止之而止援而止者是亦不屑去已孟子
曰伯夷隘柳下惠不恭隘與不恭君子不由也
子產聽鄭國之政以其乘輿濟人於溱洧孟子曰惠
而不知為政歲十一月徒杠成十二月輿梁成民未
病涉也君子平其政行辟人可也焉得人人而濟之
故為政者每人而悅之日亦不足矣
孟子曰伯夷目不視惡色耳不聽惡聲非其君不事
非其民不使治則進亂則退橫政之所出橫民之所
止不忍居也思與鄉人處如以朝衣朝冠坐於塗炭

孟子十篇讀
自宗第十

九十七

也當紂之時居北海之濱以待天下之清也故聞伯
夷之風者頑夫廉懦夫有立志伊尹曰何事非君何
使非民治亦進亂亦進曰天之生斯民也使先知覺
後知使先覺覺後覺予天民之先覺者也予將以此
道覺此民也思天下之民匹夫匹婦有不與被堯舜
之澤者如已推而內之溝中其自任以天下之重也
柳下惠不羞汙君不辭小官進不隱賢必以其道遺
佚而不怨阨窮而不憫與鄉人處由由然不忍去也
爾為爾我為我雖袒裼裸裎於我側爾焉能浼我哉
故聞柳下惠之風者鄙夫寬薄夫敦孔子之去齊接

漸而行去魯曰遲遲吾行也去父母國之道也可以

速而速可以久而久可以處而處可以仕而仕孔子

也孟子曰伯夷聖之清者也伊尹聖之任者也柳下

惠聖之和者也孔子聖之時者也孔子之謂集大成

集大成也者金聲而玉振之也金聲也者始條理也

玉振之也者終條理也始條理者智之事也終條理

者聖之事也智譬則巧也聖譬則力也由射於百步

之外也其至爾力也其中非爾力也

孟子曰禹惡旨酒而好善言湯執中立賢無方文王

視民如傷望道而未之見武王不泄邇不忘遠周公

思兼三王以施四事其有不合者仰而思之夜以繼

日幸而得之坐以待旦。

孟子曰王者之迹熄而詩亡詩亡然後春秋作晉之

乘楚之檮杌魯之春秋一也其事則齊桓晉文其文

則史孔子曰其義則丘竊取之矣。

孟子曰君子之澤五世而斬小人之澤五世而斬予

未得為孔子徒也予私淑諸人也。

孟子曰由堯舜至於湯五百有餘歲若禹皋陶則見

而知之若湯則聞而知之由湯至於文王五百有餘

歲若伊尹萊朱則見而知之若文王則聞而知之由

孟子十篇讀

此其甚也然而無有乎爾則亦無有乎爾

有餘歲去聖人之世若此其未遠也近聖人之居若

而知之若孔子則聞而知之由孔子而來至於今百

文王至於孔子五百有餘歲若大公望散宜生則見

壬午十議贊

扰其莭由然酒無音平爾須水無音平爾。

音繪藏去墨人之世苦扰其未蒙由我墨人之風苦。

酒眠之苦�ホ午順間酒眠之由ホ午而來至然今百

文王至然ホ午正百音繪藏苦大公望措宜坐順思